양형자료

양형자료

초판 1쇄 발행 2025년 4월 5일

지은이 법무법인 청 양형지원센터
펴낸이 장길수
펴낸곳 지식과감성#
출판등록 제2012-000081호

교정 김지원
디자인 오정은
편집 오정은
검수 이주희, 이현
마케팅 김윤길

주소 서울시 금천구 벚꽃로298 대륭포스트타워6차 1212호
전화 070-4651-3730~4
팩스 070-4325-7006
이메일 ksbookup@naver.com
홈페이지 www.knsbookup.com

ISBN 979-11-392-2479-5 (93360)
값 23,000원

- 이 책의 판권은 지은이에게 있습니다.
- 이 책 내용의 전부 또는 일부를 재사용하려면 반드시 지은이의 서면 동의를 받아야 합니다.
- 잘못된 책은 구입하신 곳에서 바꾸어 드립니다.

지식과감성#
홈페이지 바로가기

양형자료

진심으로 쓰는 변화의 약속

법무법인 청 양형지원센터

CONTENT

머리말	6
제1장 서문	8
제2장 양형의 개념과 기본 원칙	12
제3장 우리나라 양형 기준 체계	18
제4장 주요 범죄 유형별 양형 기준	26
제5장 양형인자와 형량 결정 요소	38
제6장 형량 감경과 집행유예 제도	59
제7장 양형에 영향을 미치는 특별 요소	69
제8장 재판 준비 가이드	76
제9장 양형 관련 질문과 답변(FAQ)	84
제10장 탄원서·반성문·최후진술서 등 작성 요령	101
제11장 탄원서·반성문 예시(죄명별)	115
제12장 부록	154
법무법인 청 양형지원센터 소개	160

머리말

"한 줄기 빛이 어두운 터널 끝에서 우리를 비추듯, 이 책이 당신과 가족에게 작은 희망이 되기를 바랍니다."

누구나 예기치 못한 순간에 삶이 흔들릴 수 있습니다. 특히 수용자가 된 본인과 가족이 마주하게 되는 현실은 생각보다 더 막막하고 복잡하게 느껴질 수 있습니다. 그중에서도 가장 큰 고민은 바로 '형량'입니다. 양형은 단순히 벌을 정하는 것을 넘어, 새로운 삶의 방향을 잡는 데 중요한 출발점이 됩니다.

하지만 법원에서 오가는 말들은 때로 낯설고 어렵게만 느껴지죠. 이 책은 그런 막막함 속에서 길을 찾는 당신과 가족들에게 조금이라도 도움을 드리고 싶어서 만들어졌습니다.

복잡한 법률 용어를 최대한 쉽게 풀어 내고, 실제 사례를 통해 양형의 의미와 준비 과정을 알기 쉽게 설명했습니다. 또한 형량을 줄이는 데 실질적으로 도움이 되는 팁과 법원이 무엇을 중요하게 생각하는지를 구체적으로 담아, 더 이상 막연한 불안 속에서 머무르지 않도록 돕고자 했습니다.

이 책은 단순한 법률 지식서가 아닙니다. 새로운 시작을 돕는 가이드이자, 흔들린 일상을 바로 세우는 든든한 동반자가 되기를 바랍니다. 지금 이 책을 읽고 있는 이 순간이, 당신과 가족에게 작은 변화의 첫걸음이 되기를 바랍니다.

힘든 시간을 보내고 있는 당신에게, 이 책이 작은 위로와 용기가 되길 진심으로 바랍니다. 당신은 혼자가 아닙니다. 함께 헤쳐 나갈 방법이 있습니다.

제1장
서문

　사회에서 살아가는 모든 사람들은 법률의 보호와 통제를 받으며, 때로는 법적 책임을 지는 상황에 처할 수 있습니다. 특히 형사재판을 받게 되는 경우, 수용자와 그 가족들은 큰 불안과 혼란에 휩싸이게 됩니다. 그 과정에서 가장 중요한 부분 중 하나가 바로 "양형"입니다. 법원이 선고하는 형량은 단순히 범죄의 결과에 대한 처벌을 넘어, 사회 정의와 개인의 미래에 중요한 영향을 미칩니다.

　이 책은 이러한 양형에 대한 깊이 있는 이해와 정보 제공을 목적으로 하고 있습니다. 수용자와 그 가족들이 양형의 기준과 절차를 명확히 이해함으로써, 재판 과정에서 보다 주체적이고 의미 있는 대응을 할 수 있도록 돕기 위해 제작되었습니다.

양형이란 무엇인가?

　양형은 법원이 피고인에게 선고할 형벌의 종류와 기간을 결정하는 과정을 의미합니다. 「형법」과 관련 법률은 범죄의 성격과 피고인의 행위에 따라 다양한 처벌을 규정하며, 법원은 이를 통해 개별 사건에 적절한 처벌을 부과합니다. 양형은 단순한 형량의 결정이 아니라, 법적, 사회적, 윤리적 판단이 종합된 결과물입니다. 이 책은 양형의 기준이 어떻게 설정되고, 어떤 요소들이 영향을 미치는지에 대해 상세히 다룹니다.

왜 양형이 중요한가?

양형은 단순히 형량을 결정하는 것을 넘어, 피고인과 가족들의 삶에 깊은 영향을 미치는 중요한 과정입니다. 공정하고 합리적인 양형은 피고인이 다시 사회에 적응하고 재범을 방지할 수 있는 기회를 제공하며, 사회적 안정에도 기여합니다. 반대로, 과도하거나 부당한 형량은 피고인과 가족들에게 큰 심리적, 경제적 부담을 안길 수 있습니다. 그래서 양형을 이해하고 준비하는 일은 단순히 법적 절차를 아는 것을 넘어, 새로운 삶을 설계하고 희망을 찾는 중요한 출발점이 될 수 있습니다.

책의 구성과 활용법

이 책은 양형에 대한 전반적인 이해를 돕기 위해 다양한 범죄 유형별 양형 기준과 실제 사례를 다루며, 가중·감경 요소와 법적 절차 등을 상세히 설명합니다. 또한 수용자와 가족들이 재판을 준비하고 법적 절차에 적절히 대응할 수 있도록 실질적인 가이드를 제공합니다. 각 장에서는 다음과 같은 내용을 다룹니다.

① **양형의 개념과 기본 원칙** : 양형이란 무엇이며, 어떤 원칙에 따라 형량이 결정되는지에 대한 설명을 제공합니다.

② **양형 기준 체계** : 우리나라 법원이 적용하는 양형 기준 체계와 법원 양형위원회의 역할을 소개합니다.

③ **주요 범죄 유형별 양형 기준** : 폭력, 성범죄, 경제범죄, 마약 범죄 등 다양한 범죄 유형에 대한 양형 기준을 설명합니다.

④ **형량 감경과 집행유예** : 형량을 감경받을 수 있는 사유와 집행유예 제도의 적용 사례에 대해 다룹니다.

⑤ **양형에 영향을 미치는 특별 요소** : 연령(형사미성년자), 재범 여부 등 양형에 영향을 미치는 다양한 요소들을 탐구합니다.

⑥ **실제 사례 분석** : 실무에서 양형이 어떻게 적용되는지를 재판 사례를 통해 분석합니다.

⑦ **수용자 및 가족을 위한 가이드** : 재판 준비 및 변호사와의 소통을 지원하는 내용을 다룹니다.

　이 책이 수용자와 가족들에게 재판을 준비하는 데 있어 실질적인 도움을 제공하고, 보다 공정하고 합리적인 법적 대응을 할 수 있도록 기여하기를 진심으로 바랍니다. 양형에 대한 이해와 적절한 대응은 개인과 사회 모두의 이익을 위해 필수적입니다.

종합적인 양형 가이드

- **특별 고려 사항** — 양형에 영향을 미치는 요소들
- **형량 감경** — 형량 감경 사유와 사례
- **범죄 유형별 기준** — 다양한 범죄에 대한 양형 기준
- **양형 기준 체계** — 법적 기준과 위원회의 역할
- **양형 개념** — 양형의 기본 원칙과 정의

제2장
양형의 개념과 기본 원칙

양형의 개념

양형(量刑)이란 법원이 형사사건에서 피고인에게 내릴 형벌의 종류와 그 정도를 결정하는 과정입니다. 이는 단순히 범죄에 대한 형량을 정하는 것을 넘어, 피고인의 잘못을 바로잡고, 사회적 정의를 실현하며, 재범을 방지하는 중요한 역할을 합니다.

양형은 다음과 같은 질문에 답을 내리는 과정이라고 할 수 있습니다.

- 어떠한 형벌이 피고인의 잘못을 적절히 반영하는가?
- 어떠한 형벌이 피해자 및 사회적 신뢰를 회복하는 데 기여할 수 있는가?
- 피고인이 다시 사회에 복귀하고 재범을 방지할 수 있는 형벌은 무엇인가?

양형은 단순히 법적 절차가 아니라, 법적, 윤리적, 사회적 판단을 종합적으로 반영한 결과물입니다. 따라서 양형을 결정할 때 법원은 여러 요소들을 균형 있게 고려해야 합니다.

양형 기준의 법적 근거

우리나라의 양형은 「헌법」과 「형법」, 그리고 각종 관련 법령에 기초하여 이루어집니다. 이와 함께 대법원 산하 양형위원회가 제정한 양형 기준이 양형 결정의 중요한 참고 자료로 활용됩니다.

【주요 법적 근거】

• 「형법」 제51조(양형의 조건)
  법원은 형을 정할 때 피고인의 연령, 성행, 지능과 환경, 피해자와의 관계, 범행의 동기, 수단 및 결과, 범행 후의 정황 등을 참작하여야 한다고 명시하고 있습니다.

• 대법원 양형위원회
「법원조직법」에 따라 설치된 대법원 양형위원회는 각 범죄 유형별로 구체적인 양형 기준을 제정하여 법원이 이를 참고하도록 하고 있습니다.

  ※ 양형위원회의 주요 역할
  • 범죄 유형별 양형 기준 설정 및 개정
  • 양형에 관한 연구와 국민 의견 수렴
  • 양형 정책의 체계적 발전 도모

양형 기준은 법적 강제력을 가진 것은 아니지만, 판결의 공정성과 일관성을 확보하기 위해 사실상 모든 법원에서 활용되고 있습니다.

양형의 기본 원칙

양형의 과정은 단순히 법률 조항만을 적용하는 것이 아니라, 피고인과 피해자, 사회적 영향을 고려한 종합적인 판단 과정입니다. 이를 위해 법원은 다음과 같은 원칙에 따라 양형을 결정합니다.

1. 비례성의 원칙

형벌은 피고인의 범행에 비례하여야 합니다. 즉, 범죄의 중대성과 피해의 정도, 사회적 파급력을 고려해 그에 상응하는 형벌을 부과해야 합니다. 지나치게 가혹한 처벌은 사회 정의에 어긋나며, 너무 관대한 처벌은 법적 안정성을 해칠 수 있습니다.

2. 형평성의 원칙

동일하거나 유사한 범죄를 저지른 사람에게는 일관된 기준에 따라 형벌이 부과되어야 합니다. 이는 국민이 사법제도에 대한 신뢰를 가질 수 있도록 하는 중요한 요소입니다.

3. 사회적 안정의 원칙

형벌은 범죄 억제를 통한 사회 안정에 기여해야 합니다. 지나치게 가벼운 처벌은 범죄 예방의 효과를 약화시키며, 과도한 처벌은 사회적 갈등을 유발할 수 있습니다.

4. 피고인의 갱생 가능성 고려

형벌은 단순히 처벌에 그치지 않고, 피고인이 재범하지 않고 사회에 복귀할 수 있는 기회를 제공해야 합니다. 이를 위해 법원은 피고인의 반성, 피해자와의 합의, 사회적 환경 등을 고려합니다.

5. 피해자 보호와 회복

양형 과정에서 피해자의 상처와 손실을 회복하려는 노력도 중요한 요소로 작용합니다. 피해자와의 합의 여부, 피해 복구 노력 등이 형량에 영향을 미칠 수 있습니다.

양형 결정의 요소

양형은 각 사건의 특성과 피고인의 사정을 종합적으로 고려하여 이루어집니다. 이를 위해 법원은 아래와 같은 요소들을 구체적으로 검토합니다.

1. 기본 요소
- 범죄의 성격 : 범죄가 계획적이었는지, 우발적이었는지 여부
- 피해의 정도 : 피해자의 신체적, 정신적, 경제적 피해
- 범행 후 정황 : 피고인이 범행 후 피해 복구를 위해 노력했는지 여부
- 피고인의 행위·태도 : 피고인의 반성과 재발 방지 노력

2. 가중 요소
형량을 높이는 요소로, 주로 다음과 같은 경우에 해당됩니다.
- 범행이 계획적이거나 잔혹한 경우
- 상습범, 재범, 누범의 경우
- 피해자에게 중대한 피해를 입힌 경우

3. 감경 요소
형량을 낮추는 요소로, 다음과 같은 경우를 포함합니다.
- 초범이거나 반성의 태도를 보이는 경우

- 피해자와의 합의가 이루어진 경우
- 피고인이 자수하거나 수사에 협조한 경우

형량 결정 요소

감경 요소
형량을 줄이는
경감 조치

기본 요소
범죄의 기본 특성과
피고인의 행동을 평가

가중 요소
형량을 증가시키는
심각성을 높이는 요소

양형 이해의 필요성

양형은 재판 과정에서 가장 중요한 부분 중 하나로, 피고인과 가족들에게 직접적인 영향을 미칩니다. 따라서 피고인과 그 가족들은 양형 기준과 절차를 명확히 이해하고, 이를 바탕으로 재판 과정에 주체적으로 대응할 필요가 있습니다.

이 장에서 설명된 양형의 개념과 기본 원칙은 이후 장에서 다루게 될 구체적인 양형 기준과 사례를 이해하는 데 기초가 됩니다. 피고인과 가족들은 양형에 대한 이해를 통해 재판 과정에서 올바르게 대응하고, 더 나아가 법적 절차를 효과적으로 준비할 수 있습니다.

제3장
우리나라 양형 기준 체계

양형 기준의 법적 근거

양형 기준은 범죄에 대한 법원의 판결이 공정하고 일관되도록 돕기 위해 마련된 기준입니다. 법적으로는 「법원조직법」에 근거하여 대법원이 양형위원회를 구성하고, 이를 통해 양형 기준을 설정합니다. 양형 기준은 원칙적으로 구속력은 없으나 양형 기준을 이탈하는 경우 판결문에 양형이유를 기재해야 하므로, 합리적 사유 없이 양형 기준을 위반할 수는 없어 실질적으로 판결 시 중요한 지침 역할을 합니다. 이 기준은 특정 범죄의 유형별로 적절한 형량을 설정하며, 사회적 요구와 법적 합리성을 종합적으로 반영합니다.

양형 기준은 다음과 같은 법적 문서와 규정에 따라 이루어집니다.
- 「형법」 및 기타 관련 법령
- 대법원 양형위원회 규칙
- 주요 판례 및 법리적 해석

양형 기준 설정의 목적과 필요성

양형 기준은 다양한 목적을 가지고 있습니다. 주요 목적은 다음과 같습니다.

① **공정한 처벌** : 동일한 범죄에 대해 유사한 형량이 부과될 수 있도록 하여 형평성을 유지합니다.

② **법적 일관성** : 판사마다 해석이 달라지는 것을 방지하고, 일관된 법적 판단을 통해 법적 안정성을 제공합니다.

③ **사회적 신뢰 제고** : 법원이 형량을 공정하게 결정함으로써 국민들의 사법부에 대한 신뢰를 증진시킵니다.

④ **형사 정책적 목적 달성** : 범죄의 억제와 예방을 위한 사회적 목적을 달성하기 위해 적절한 형량이 설정됩니다.

법원 양형위원회의 역할

양형위원회는 대법원 산하에 설치된 독립적인 기관으로, 양형 기준의 설정과 개정을 담당합니다. 양형위원회는 법관, 검사, 변호사, 학계 전문가 등 다양한 전문가들로 구성되어 있으며, 다음과 같은 주요 역할을 수행합니다.

① **양형 기준의 설정 및 개정** : 시대적 변화와 사회적 요구에 맞춰 양형 기준을 설정하고, 필요시 개정합니다.

② **연구 및 조사** : 양형에 관한 실태 조사와 연구를 통해 객관적이고 합리적인 기준을 마련합니다.

③ **사회적 의견 수렴** : 공청회나 토론회를 통해 국민의 의견을 반영하고, 양형의 정당성을 확보합니다.

양형 기준의 적용 방식

양형 기준은 재판 시 특정 범죄에 대해 법원이 형량을 결정할 때 적용됩니다. 이 과정은 다음과 같이 이루어집니다.

① **기본 범위 설정** : 법원이 사건을 심리한 후 해당 범죄에 대한 기본 형량 범위를 설정합니다. 이는 양형 기준에 명시된 범위를 참고합니다.

② **가중·감경 요소의 적용** : 범행의 동기, 경위, 피해 정도, 피고인의 반성 여부, 초범 여부 등 다양한 가중·감경 요소가 고려됩니다.

> **관련 법률**
>
> **형량을 결정하는 요인**
> • 법원은 형량을 정할 때 범인의 연령, 성행, 지능과 환경, 피해자와의 관계, 범행의 동기·수단 및 결과, 범행 후의 정황을 고려합니다.
> • 형의 가중
> 누범, 상습범, 교사범, 방조범, 경합범 등의 경우에는 법에 정해진 형보다 형이 가중될 수 있습니다.
> • 형의 감경
> 가해자가 자수하거나 범죄에 고려할 만한 사유가 있는 경우에는 형이 감경될 수 있습니다.

형의 가중 경감 순서
- 형을 가중하거나 경감할 때에는 다음 순서에 따릅니다.
① 「형법」 각 조항에 따른 가중
② 간접정범, 특수한 교사 또는 방조에 대한 가중
③ 누범 가중
④ 법률상 감경
⑤ 경합범 가중
⑥ 작량 감경

형법
제2절 형의 양정
제51조(양형의 조건) 형을 정함에 있어서는 다음 사항을 참작하여야 한다.
1. 범인의 연령, 성행, 지능과 환경
2. 피해자에 대한 관계
3. 범행의 동기, 수단과 결과
4. 범행 후의 정황

제52조(자수, 자복)
① 죄를 지은 후 수사기관에 자수한 경우에는 형을 감경하거나 면제할 수 있다.
② 피해자의 의사에 반하여 처벌할 수 없는 범죄의 경우에는 피해자에게 죄를 자복(自服)하였을 때에도 형을 감경하거나 면제할 수 있다.

제53조(정상참작감경)
범죄의 정상(情狀)에 참작할 만한 사유가 있는 경우에는 그 형을 감경할 수 있다.

제54조(선택형과 정상참작감경)
한 개의 죄에 정한 형이 여러 종류인 때에는 먼저 적용할 형을 정하고 그 형을 감경한다.

제55조(법률상의 감경) ① 법률상의 감경은 다음과 같다.
1. 사형을 감경할 때에는 무기 또는 20년 이상 50년 이하의 징역 또는 금고로 한다.
2. 무기징역 또는 무기금고를 감경할 때에는 10년 이상 50년 이하의 징역 또는 금고로 한다.
3. 유기징역 또는 유기금고를 감경할 때에는 그 형기의 2분의 1로 한다.
4. 자격상실을 감경할 때에는 7년 이상의 자격정지로 한다.

5. 자격정지를 감경할 때에는 그 형기의 2분의 1로 한다.
6. 벌금을 감경할 때에는 그 다액의 2분의 1로 한다.
7. 구류를 감경할 때에는 그 장기의 2분의 1로 한다.
8. 과료를 감경할 때에는 그 다액의 2분의 1로 한다.
② 법률상 감경할 사유가 수개있는 때에는 거듭 감경할 수 있다.

제56조(가중·감경의 순서)
형을 가중·감경할 사유가 경합하는 경우에는 다음 각 호의 순서에 따른다.
1. 각칙 조문에 따른 가중
2. 제34조제2항에 따른 가중
3. 누범 가중
4. 법률상 감경
5. 경합범 가중
6. 정상참작감경

제35조(누범)
① 금고(禁錮) 이상의 형을 선고받아 그 집행이 종료되거나 면제된 후 3년 내에 금고 이상에 해당하는 죄를 지은 사람은 누범(累犯)으로 처벌한다.
② 누범의 형은 그 죄에 대하여 정한 형의 장기(長期)의 2배까지 가중한다.

③ **형량의 결정** : 위의 요소를 종합적으로 검토한 후, 최종적으로 피고인에 대한 형량이 결정됩니다.

양형 기준은 재판의 합리성과 공정성을 높이기 위해 설계된 도구입니다. 하지만 모든 사건에 일률적으로 적용되는 것은 아니며, 구체적 사안에 따라 판사는 법적 재량을 발휘할 수 있습니다. 예를 들어, 특정한 감경 사유가 있는 경우에는 양형 기준에서 제시된 하한선보다 낮은 형량을 선고할 수도 있습니다.

양형의 일관성과 문제점

양형 기준이 도입되면서 법적 판단의 일관성이 한층 강화된 것은 사실입니다. 이는 유사한 사건에서의 형량 차이를 줄이고, 재판의 공정성을 높이는 데 중요한 역할을 하고 있습니다. 하지만, 양형 제도에도 여전히 개선해야 할 문제점들이 존재합니다.

특히 특정 범죄의 양형이 지나치게 경직되거나 사회적 요구와 괴리될 때, 이는 큰 논란의 대상이 되기도 합니다. 예를 들어, 대중적으로 강한 비난을 받는 범죄에서 법원의 형량이 사회적 기대에 못 미칠 경우, 양형 기준 자체에 대한 불만과 개정 논의가 촉발되곤 합니다.

이러한 문제들을 해결하기 위해 양형위원회는 끊임없이 기준을 검토하고, 변화하는 사회적 요구를 반영하여 개선 작업을 진행하고 있습니다. 이를 통해 법적 형평성과 사회 정의를 모두 충족시키는 방향으로 양형 제도를 발전시켜 나가고자 노력하고 있습니다.

법원의 양형 과정

양형 과정은 다음과 같이 세 단계로 구분해 볼 수 있습니다.

1단계: 특별양형인자로 권고 영역(감경, 기본, 가중)을 결정
예) 이 사건은 '가중 영역'에 속한다.

2단계: 결정된 권고 영역 내에서 일반양형인자를 적용하여 조정

3단계: 최종 형량을 선고

예) 1단계 가중 영역에서 3년~5년이 권고된 상황에서 일반양형인자인 피고인의 초범 여부와 반성 태도를 고려해 3년 6개월로 결정

쉽게 말하면, 특별양형인자는 "무슨 일이 일어났는지"에 초점이 맞추어진 것이고 일반양형인자는 "범죄를 저지른 사람의 상황이 어떠한지"에 초점을 맞춘 것입니다.

〈가상의 시나리오〉

> A씨는 40대 남성으로, "수익률이 매우 높은 투자상품"이 있다고 속여 여러 사람에게 접근했다. 그는 약 6개월간 전화 및 인터넷 메신저 등을 이용해 10명으로부터 총 2억 원 상당의 돈을 편취하였으며, 피해자들은 불특정 다수에 걸쳐 반복된 사기 범행에 노출된 셈이다. 이 중 일부 피해자는 전 재산을 잃어 생계마저 곤란해질 정도로 심각한 경제적 타격을 입었다.

1단계 : 특별양형인자 → 권고 영역 결정

가중 요소
- 불특정 다수에게 반복적으로 범행
- 피해자 중 일부는 중대한 경제적 피해 발생
⇒ 가중 영역(예 : 2년 6월 이상~6년 이하 권고)으로 분류

유형	구분	감경	기본	가중
2	1억 원 이상, 5억 원 미만	10월~2년 6월	1년~4년	2년 6월~6년

※ 사기범죄에서 다수의 피해자를 상대로 반복·계획적으로 범행한 경우, 특별양형인자의 가중 사유에 해당함

2단계 : 일반양형인자 → 최종 형량 조정

감경 요소
- 일부 피해자에게 피해금을 일부 반환 및 합의 시도
- 형사 처벌 전력이 없는 초범
- 진지한 반성문 제출

가중 요소

피해 규모가 큼(2억 원 상당), 피해 복구가 완전히 이루어지지 않음
사기범죄로 인한 사회적 파급력이 큼

3단계 : 최종 선고
예) 징역 3년(또는 집행유예 검토 가능)

정리

 특별양형인자로 범죄 자체(다수 피해자, 반복성 등)를 먼저 평가해 가중 영역 결정. 일반양형인자(피고인의 전과·반성·피해 회복 여부 등)를 적용하여 최종 형량을 3년 정도로 조정. 이처럼 사기죄에서도 범행 방식과 피해 정도(특별양형인자), 피고인의 개인 사정(일반양형인자)을 순차적으로 고려해 형량이 정해집니다.

제4장
주요 범죄 유형별 양형 기준

폭력 및 강력 범죄

폭력 및 강력 범죄는 사회에 큰 불안을 초래하며, 피해자의 신체적·정신적 피해가 큰 경우가 많기 때문에 법원은 이러한 범죄에 대해 엄격한 양형 기준을 적용합니다. 대표적인 폭력 및 강력 범죄의 양형 기준은 다음과 같습니다.

- **상해죄 및 폭행죄**

 법원은 상해와 폭행 범죄에 대해 피고인의 행위의 중대성, 피해자의 상해 정도, 피해자와의 합의 여부 등을 고려하여 형량을 결정합니다. 양형 기준에 나타난 바와 같이 다양한 요소들을 고려하게 되며, 특히 초범인 경우 형사처벌 전력이 없다는 점이 감경요소로 작용하여 집행유예나 사회봉사 명령이 선고될 수 있습니다. 이에 반하여 전과가 있는 경우에 중형이 부과될 수 있고, 상해의 정도가 극심하여 중상해가 발생한 경우 가중요소로 작용하여 높은 형량으로 결정될 수 있습니다.

• 일반상해

유형	구분	감경	기본	가중
1	일반상해	2월~10월	4월~1년 6월	6월~2년 6월
2	중상해	6월~1년 6월	1년~2년	1년 6월~4년
3	사망의 결과가 발생	2년~4년	3년~5년	4년~8년
4	보복목적 상해	6월~1년 6월	1년~2년	1년 6월~3년

• 특수상해/누범상해

유형	구분	감경	기본	가중
1	특수상해	4월~1년	6월~2년	1년~3년
2	특수중상해 · 누범상해	10월~2년	1년 6월 ~3년 6월	2년~5년
3	누범특수상해	1년 6월~3년	2년~4년	3년~6년

• 폭행범죄

유형	구분	감경	기본	가중
1	일반폭행	~8월	2월~10월	4월~1년 6월
2	폭행치상	2월~1년 6월	4월~2년	6월~3년
3	사망의 결과가 발생	1년 6월~3년	2년~4년	3년~5년
4	운전자 폭행치상	10월~2년	1년 6월~3년	2년~4년
5	운전자 폭행치사	2년~4년	3년~5년	4년~8년
6	누범·특수폭행	2월~1년 2월	4월~1년 10월	6월~2년 4월
7	보복목적 폭행	4월~1년 4월	10월~2년	1년~2년 6월

• 살인죄

살인죄는 가장 중대한 범죄로 간주되며, 법정 최고형인 사형, 무기징역 또는 장기 징역형이 선고될 수 있습니다. 계획적 살인과 우발적 살인에 따라 양형이 달라지며, 피해자 유가족과의 합의 여부도 형량에 영향을 미칩니다. 무엇보다 살인을 하게 된 '동기'가 중요한 양형 요소로 작용합니다.

유형	구분	감경	기본	가중
1	참작 동기 살인	3년~5년	4년~6년	5년~8년
2	보통 동기 살인	7년~12년	10년~16년	15년 이상, 무기 이상
3	비난 동기 살인	10년~16년	15년~20년	18년 이상, 무기 이상
4	중대범죄 동기 살인	17년~22년	20년 이상, 무기	25년 이상, 무기 이상
5	극단적 인명 경시 살인	20년~25년	23년 이상, 무기	무기 이상

※ 유형 설명
▷ **제1유형(참작 동기 살인)**
특별히 참작할 동기가 있는 살인으로, 피해자의 귀책사유나 지속적인 피해, 살해 위협 등이 있는 경우를 포함합니다.
▷ **제2유형(보통 동기 살인)**
보통의 원한, 인간적 갈등, 채권채무 등 일반적 동기로 인한 살인을 포함합니다.
▷ **제3유형(비난 동기 살인)**
특히 비난받을 동기가 있는 살인으로, 금전적 탐욕, 보복, 불륜, 조직 이익, 범죄 은폐 등이 목적일 때 해당됩니다.
▷ **제4유형(중대범죄 결합 살인)**
강간, 약취, 인질, 강도 등 중대범죄와 결합된 살인으로, 다른 중범죄 실행 과정에서 발생한 경우입니다.
▷ **제5유형(극단적 인명경시 살인)**
극단적으로 인명을 경시한 살인으로, 불특정 다수나 2인 이상을 무차별적으로 살해한 경우를 포함합니다.

재산 범죄·절도, 사기 등

재산 범죄는 개인의 재산권을 침해하는 범죄로서, 사회적 신뢰를 훼손할 수 있는 경우가 많습니다. 재산 범죄에 대한 양형 기준은 구체적인 범죄 내용에 따라 다르나, 통상 피해자와의 합의, 피해 규모, 범죄의 수법 등에 따라 달라집니다.

• 절도죄

단순 절도와 상습 절도, 조직적 절도의 경우 각각 다른 법률 조항과 양형 기준이 적용됩니다. 이에 양형 기준을 살펴보기 이전에 각 절도 유형에 따른 어떠한 법률 조항이 적용되는지 먼저 살펴보아야 하고 그에 해당하는 법정형 안에서 양형 기준에 따라 형량이 결정됩니다. 법원은 피해자의 재산적 손실 규모, 피고인의 범행 전력 등을 고려하여 형량을 결정합니다.

유형	구분	감경	기본	가중
1	방치물 등 절도	~6월	4월~8월	6월~1년
2	일반절도	4월~10월	6월~1년 6월	10월~2년
3	대인절도	6월~1년	8월~2년	1년~3년
4	침입절도	8월~1년 6월	1년~2년 6월	1년 6월~4년

• 사기죄

사기죄는 피해자와의 합의, 피해 규모와 피해자의 회복 가능성, 피고인의 범행 동기 등을 기준으로 형량이 결정됩니다. 피해자가 수백 명에 이루어질 정도로 많거나, 피해 금액이 수십억 단위로 큰 경우 등에 해당하는 대규모 조직적 사기 사건은 중형이 선고될 수 있으며, 피해자에게 피해 복구가 이루어진 경우 감경 인자로 작용하여 감경될 수 있습니다. 다만 그러한 피해 복구가 피해자와의 합의가 이루어져 있는지, 공탁이 진행된 것인지에 따라 그 감경의 정도가 달라집니다.

유형	구분	감경	기본	가중
1	1억 원 미만	~1년	6월~1년 6월	1년~2년 6월
2	1억 원 이상, 5억 원 미만	10월~2년 6월	1년~4년	2년 6월~6년
3	5억 원 이상, 50억 원 미만	1년 6월~4년	3년~6년	4년~7년
4	50억 원 이상, 300억 원 미만	3년~6년	5년~8년	6년~9년
5	300억 원 이상	5년~9년	6년~10년	8년~13년

「특정경제범죄 가중처벌 등에 관한 법률(특경법)」은 피해자 한 명을 기준으로 피해 금액이 5억 원 이상일 경우 적용됩니다. 이에 해당하면 피해 금액이 5억 원 이상인 경우 징역 3년 이상, 50억 원 이상인 경우 무기징역 또는 징역 5년 이상의 처벌을 받습니다. 주로 금융사기, 투자사기, 다단계 사기 등 대규모 경제범죄가 포함되며, 피해 금액이 클수록 처벌이 가중됩니다.

• 횡령 및 배임

타인 혹은 회사의 재산을 불법적으로 유용하거나 남용한 경우, 피해 규모에 따라 중형이 부과될 수 있습니다. 피해 회복이 이루어진 경우 형량이 감경될 수 있습니다. 다만 그러한 피해 회복이 피해자와의 합의가 이루어져 있는지, 공탁이 진행된 것인지에 따라 그 감경의 정도가 달라집니다.

유형	구분	감경	기본	가중
1	1억 원 미만	~10월	4월~1년 4월	10월~2년 6월
2	1억 원 이상, 5억 원 미만	6월~2년	1년~3년	2년~5년
3	5억 원 이상, 50억 원 미만	1년 6월~3년	2년~5년	3년~6년
4	50억 원 이상, 300억 원 미만	2년 6월~5년	4년~7년	5년~8년
5	300억 원 이상	4년~7년	5년~8년	7년~11년

성범죄

성범죄는 피해자에게 큰 정신적·신체적 고통을 주며, 사회적 비난도 높은 범죄 유형입니다. 법원은 성범죄의 중대성과 피해자와의 상황, 범행 경위 등을 기준으로 형량을 결정합니다.

• 강간죄 및 강제추행죄

강간죄의 경우 초범이라도 중형이 선고될 수 있으며, 피해자의 의사에 반해 강제적으로 이루어진 경우 법정 최고형까지 선고될 수 있습니다. 피해자의 연령 및 피해자와의 관계 등에 따라 양형 기준이 다르게 적용되며, 행위 수법에 따라서도 양형이 달라질 수 있습니다. 더불어, 피해자와의 합의 여부, 범행 후 반성의 정도 등이 양형에 영향을 미칠 수 있습니다.

강간죄(13세 이상 대상)

유형	구분	감경	기본	가중
1	일반강간	1년 6월~3년	2년 6월~5년	4년~7년
2	청소년 강간	2년 6월~5년	4년~7년	6년~9년
3	친족관계에 의한 강간 /주거침입 등 강간 /특수강간	3년 6월~6년	5년~8년	7년~10년
4	강도강간	5년~9년	8년~12년	10년~15년

강제추행죄(13세 이상 대상)

유형	구분	감경	기본	가중
1	일반강제추행	~1년	6월~2년	1년 6월~3년
2	청소년 강제추행	1년~2년	1년 8월~3년 4월	2년 8월~4년 8월
3	친족관계에 의한 강제추행 /특수강제추행	2년 6월~4년	3년~6년	5년~8년
4	주거침입 등 강제추행	3년 6월~5년	4월~7년	6년~9년
5	특수강도강제추행	5년~8년	7년~11년	9년~13년

• 아동·청소년 대상 성범죄

  아동과 청소년을 대상으로 한 성범죄는 더욱 엄격한 양형 기준이 적용됩니다. 가중 처벌 요건이 강화되며, 전자발찌 부착 명령과 같은 보호관찰 조치가 병행될 수 있습니다.

13세 미만 대상 성범죄(16세 미만 대상 의제강간 등 포함)

유형	구분	감경	기본	가중
1	의제강제추행	~10월	8월~2년	1년 6월~3년
2	의제강간	1년 6월~3년	2년 6월~5년	4년~6년
3	강제추행	2년 6월~5년	4년~7년	6년~9년
4	유사강간	4년~7년	6년~9년	8년~12년
5	강간	6년~9년	8년~12년	11년~15년

마약범죄

  마약범죄는 사회에 큰 위협을 주며, 개인의 건강과 안전을 해치는 범죄로 간주됩니다. 따라서 법원은 마약의 종류와 유통 규모, 피고인의 관련 전력 등을 종합적으로 고려하여 양형을 결정합니다.

• 투약 및 단순 소지

  마약을 단순히 소지하거나 투약하는 경우라도 엄중한 처벌을 받습니다. 피고인이 마약 중독 치료를 받거나 앞으로 치료를 받을 의지를 보이는 등의 경우, 재활 가능성을 고려한 판결이 내려질 수 있습니다.

유형	구분	감경	기본	가중
1	환각물질	~8월	6월~1년	8월~1년 6월
2	대마, 향정 라목 및 마목 등	6월~10월	8월~1년 6월	1년~3년
3	향정 나목 및 다목	8월~1년 6월	1년~2년 6월	2년~5년
4	마약, 향정 가목 등	10월~2년	1년~4년	3년~6년

• 마약 매매 또는 알선

대규모 제조 및 유통에 가담한 경우, 법정 최고형에 가까운 형량이 부과될 수 있습니다. 마약류 매매, 알선 등이 이루어지는 경우 사회적 위험성을 고려하여 가중 처벌이 이루어집니다.

유형	구분	감경	기본	가중
1	환각물질, 향정 라목 등	6월~1년	10월~2년	1년 6월~4년
2	대마, 향정 나목 및 다목 등	8월~2년	1년~3년	2년 6월~6년
3	마약, 향정 가목 등	2년 6월~6년	5년~8년	7년~10년
4	영리 목적 또는 상습범	6년~9년	8년~12년	10년 이상, 무기

알코올 범죄

알코올 범죄는 술에 취한 상태에서 저지른 범죄를 말합니다. 대표적인 예로 음주운전이나 술로 인해 발생한 폭력 행위가 있습니다. 법원은 이런 범죄에 대해 더 엄격하게 처벌하는 경향이 있습니다.

특히 음주운전의 경우, 음주운전으로 인하여 사고로 이어진 경우, 당시 상황 및 혈중알코올농도 등에 따라 처벌의 정도가 달라집니다. 술을 마신 상태에서의 운전은 운전자뿐만 아니라 다른 사람의 생명과 안전까지 위협하기 때문에 절대로 해서는 안 되는 행동입니다.

• 음주운전 또는 무면허 운전

처음 음주운전을 한 경우에는 큰 사고로 이어지지 않았다면, 벌금형이 선고될 가능성이 있습니다. 하지만 음주운전이 수차례 적발된 경우나 피해자가 다치거나 사망하는 사고가 발생하면 처벌이 더 무거워져서 벌금형이 아닌 징역형이 선고될 수 있습니다.

유형	구분	감경	기본	가중
1	무면허운전	50만 원 ~150만 원[1]	~8월 100만 원 ~200만 원[2]	6월~10월 150만 원 ~300만 원[3]
2	음주운전 (혈중알코올농도 0.03% 이상 0.08% 미만)	100만 원 ~300만 원[1]	~8월 200만 원 ~400만 원[2]	6월~10월 300만 원 ~500만 원[3]
3	음주운전 (혈중알코올농도 0.08% 이상 0.2% 미만)	6월~10월 300만 원 ~600만 원[2]	8월~1년 4월 500만 원 ~800만 원[2]	1년~1년 10월 700만 원 ~1,000만 원[3]
4	음주운전(혈중알코올농도 0.2% 이상)	1년~2년 700만 원 ~1,200만 원[2]	1년 6월~3년 1,000만 원 ~1,700만 원[2]	2년 6월~4년[4]

| 5 | 음주측정거부 | 6월~1년 2월 300만 원 ~1,000만 원[2] | 8월~2년 700만 원 ~1,500만 원[2] | 1년 6월~4년[4] |

▷ **1) 제1유형과 제2유형의 각 감경 영역**

3회 이상 벌금형(집행유예 포함) 이상 동종 전과(5년 이내)가 있는 경우에는 징역형을 선택할 수 있다.

▷ **2) 제1유형과 제2유형의 각 기본 영역, 제3유형 내지 제5유형의 각 감경·기본 영역**

3회 이상 벌금형(집행유예 포함) 이상 동종 전과(5년 이내)가 있는 경우에는 징역형을 권고한다.

▷ **3) 제1유형 내지 제3유형의 각 가중 영역**

① 3회 이상 벌금형(집행유예 포함) 이상 동종 전과(5년 이내)가 있는 경우에는 징역형을 권고한다. ② 특별가중인자만 2개 이상 존재하거나 특별가중인자가 특별감경인자보다 2개 이상 많은 경우에는 징역형을 권고한다.

▷ **4) 제4유형과 제5유형의 각 가중 영역**

동종 전과가 없는 경우에는 벌금형을 선택할 수 있다(이 경우 4유형 가중영역의 벌금형 형량범위는 1,500만 원·2,000만 원으로 하고, 5유형 가중 영역의 벌금형 형량 범위는 1,300만 원·2,000만 원으로 한다). 다만, 특별가중인자만 2개 이상 존재하거나 특별가중인자가 특별감경인자보다 2개 이상 많은 경우에는 징역형을 권고한다.

주의! 대인사고가 발생한 경우, 「교통사고처리특례법」이 적용되며, 별도의 양형기준이 적용될 수 있습니다.

기타 주요 범죄

기타 주요 범죄는 사회에 큰 영향을 끼치거나 법적으로 매우 심각한 범죄를 말합니다. 법원은 이런 범죄에 대해 별도의 양형 기준을 적용하며, 처벌 수위도 엄격하게 결정합니다.

형량을 정할 때는 공범이 있었는지, 범행이 사회에 얼마나 큰 피해를 주었는지 등이 중요한 기준으로 고려됩니다. 최근에는 전세사기나 딥페이크 범죄와 같은 범죄들이 큰 사회적 문제로 떠오르고 있습니다. 이러한 새로운 범죄 유형에 대하여 신속하게 법률을 적용하여 처벌하는 것이 현실적으로 어려운 것이 사실입니다.

양형 기준이 명확하지 않음에도 불구하고 그 사회적 파급력으로 인하여 처벌 수위가 점점 높아지는 추세입니다. 전세사기는 주거를 제공하면서 받은 보증금을 추후 돌려주지 않는 방식 등으로 많은 세입자들의 경제적인 생활을 위협할 수 있습니다.

딥페이크 범죄는 기술을 악용해 사람의 얼굴이나 몸을 합성해 만들어진 영상이나 사진을 유포하는 것으로, 개인의 인권을 심각하게 침해하는 행위입니다.

이처럼 사회적으로 문제가 되는 범죄의 심각성을 인지하고 법원은 새로이 그 양형 기준을 마련하여 처벌 수위를 높이는 등으로 이러한 범죄가 성행하지 않도록 노력하고 있습니다.

※ 양형위원회 홈페이지 참조 : https://sc.scourt.go.kr

제5장
양형인자와 형량 결정 요소

법원이 범죄에 대해 형량을 정할 때는 단순히 법에 적힌 처벌 규정을 그대로 적용하지 않습니다. 다만, 사건의 구체적인 상황과 범죄의 특성을 세밀히 검토하고, 다양한 양형인자를 고려해 형량을 결정합니다. 이러한 양형인자는 형벌이 공정하고 정당하게 이루어지도록 하는 중요한 기준이 됩니다. 이 장에서는 형량 결정에 영향을 미치는 가중 요소와 감경 요소, 그리고 이들이 실제 형량에 어떤 영향을 주는지 살펴봅니다.

양형인자의 정의 및 분류

양형인자란 형사재판에서 법원이 피고인에게 선고할 형량을 결정할 때 고려하는 여러 요소를 의미합니다. 양형인자는 피고인의 범행에 대한 책임과 처벌의 적정성을 판단하는 데 중요한 역할을 하며, 주로 양형 기준에 따라 평가됩니다.

양형은 행위 자체와 관련된 인자(예 : 계획성, 잔혹성)는 피고인의 상황(예 : 반성, 건강 상태)보다 우선적으로 평가한다는 행위책임 원칙과 피해자나 유족의 처벌불원 의사는 특별양형인자로 평가될 수 있다는 피해자 보호 원칙이 적용됩니다.

양형인자는 크게 일반양형인자와 특별양형인자로 나뉩니다.

가중인자와 감경인자

양형인자는 형사재판에서 형량을 결정하는 데 중요한 요소로, 사건의 성격과 피고인의 상황을 고려하여 감경하거나 가중시키는 역할을 합니다.
- 가중인자 : 형량을 증가시키는 요소
- 감경인자 : 형량을 감소시키는 요소

양형인자의 구체적 분류

1. 특별양형인자

특정 범죄 유형에서 형량에 큰 영향을 미치며, 양형 기준표에서 감경, 기본, 가중을 결정하는 데 사용됩니다.

예) 살인죄에서 "잔혹한 범행 수법", 성범죄에서 "미성년자 대상 범행"

유형	구분	감경	기본	가중	
1	방치물 등 절도	~6월	4월~8월	6월~1년	특별양형인자 '권고 영역'
2	일반절도	4월~10월	6월~1년 6월	10월~2년	
3	대인절도	6월~1년	8월~2년	1년~3년	
4	침입절도	8월~1년 6월	1년~2년 6월	1년 6월~4년	

특별양형인자는 특정 범죄에서만 중요하게 작용하는 요소로 해당 범죄의 수법, 결과, 피해의 정도 등 특수성을 반영하기 위해 사용됩니다. 범죄의 심각성, 계획성, 피해자에 미친 영향 등을 고려합니다.

예시)
- 살인죄 : 범행이 계획적이었는지(가중), 우발적이었는지(감경)
- 성범죄 : 미성년자를 대상으로 했는지(가중), 타인의 강압에 의한 것인지(감경)
- 경제범죄 : 피해 금액이 크고 다수 피해자가 발생했는지(가중)

쉽게 말하면, "특정 범죄에서 벌어진 일의 심각성이나 특수 상황을 판단하는 기준"입니다.

2. 일반양형인자

모든 범죄에 공통적으로 적용될 수 있지만, 권고 영역 결정에는 영향을 미치지 않습니다. 권고 형량 범위 내에서 최종 선고형을 정할 때 고려됩니다.

예시)
- 피고인이 초범인지 아닌지
- 사건 이후 피해자와 합의했는지
- 진지하게 반성하고 있는지
- 건강 상태가 나쁜 경우(예 : 심각한 질병)

쉽게 말하면, "범죄를 저지른 사람이 어떤 환경과 상황에 처했는지를 고려해 주는 요소"라고 할 수 있습니다.

<범죄별 양형인자>

1. 살인범죄

구분			감경 요소	가중 요소
특별 양형인자	행위	공통	• 범행 가담에 특히 참작할 사유가 있는 경우 • 과잉방위 • 미필적 살인의 고의 • 피해자 유발(강함)	• 계획적 살인 범행 • 범행에 취약한 피해자 • 사체손괴 • 잔혹한 범행 수법 • 존속인 피해자 • 비난받을 만한 목적에 의한 약취·유인된 경우(제4유형) • 강도강간범인 경우(제4유형) • 피지휘자에 대한 교사
		미수	• 경미한 상해(상해 없음 포함)	• 중한 상해
	행위자/기타		• 청각 및 언어 장애인 • 심신미약(본인 책임 없음) • 자수 • 처벌불원 또는 실질적 피해 회복 (공탁 포함)	• 반성 없음(범행의 단순 부인 제외) • 특정강력범죄(누범)
일반 양형인자	행위		• 소극 가담 • 피해자 유발(보통)	• 사체 유기
	행위자/기타		• 범행 후 구조 후송 • 상당한 피해 회복(공탁 포함) • 심신미약(본인 책임 있음, 4유형의 강간살인/유사강간살인/강제추행살인, 약취·유인 미성년자 살해, 인질살해에는 적용하지 않음) • 진지한 반성	• 특정강력범죄(누범)에 해당하지 않는 이중 누범, 누범에 해당하지 않는 동종 및 폭력 실형전과(집행유예 종료 10년 미만) • 합의 시도 중 미비(강요죄 등 다른 범죄가 성립하는 경우는 제외)

음주 또는 약물로 인한 만취상태에서 살인범죄를 범한 경우에는 다음과 같은 구분에 따른다.
① 범행의 고의로 또는 범행 수행을 예정하거나 범행 후 면책사유로 삼기 위하여 자의로 음주 또는 약물로 인하여 만취상태에 빠진 경우에는 피고인이 범행 당시 심신미약 상태에 있었는지 여부와 상관없이 만취상태를 일반가중인자로 반영한다.

② 범행의 고의가 없었고, 범행 수행을 예정하지 못하였으나, 과거의 경험, 당시의 신체 상태나 정황 등에 비추어 음주 또는 약물로 인하여 만취상태에 빠지면 타인에게 해악을 미칠 소지(가능성)가 있는 경우에는 피고인이 범행 당시 심신미약 상태에 있었는지 여부와 상관없이 만취상태를 감경인자로 반영하지 아니한다.
③ ①, ②에 해당하지 않더라도 범행 당시 심신미약 상태에 이르지 않은 경우에는 만취상태를 감경인자로 반영하지 아니한다.

특별 양형 사례

감경 사례	가중 사례
• 살인의 고의가 없이 우발적으로 살인을 저지른 경우(미필적 고의 존재)	• 피고인이 계획적으로 독극물을 사용해 배우자를 살해한 경우 • 다수의 피해자를 대상으로 한 무차별 살인

일반 양형 사례

감경 사례	가중 사례
• 피해자가 지속적으로 피고인을 협박하거나 학대하여 방어적인 상황에서 살인에 이른 경우	• 살인을 저지른 후 사체를 유기한 경우 • 피고인이 수년 전 폭력 행위로 실형을 받은 전력이 있는 경우

2. 성범죄(강제추행죄)

구분		감경 요소	가중 요소
특별 양형인자	행위	• 유형력의 행사가 현저히 약한 경우 • 추행의 정도가 약한 경우	• 가학적·변태적 침해행위 또는 극도의 성적 불쾌감 증대 • 다수 피해자 대상 계속적·반복적 범행 • 범행에 취약한 피해자 • 친족관계인 사람의 주거침입 등 강제추행 또는 특수강제추행 범행인 경우 • 피지휘자에 대한 교사
	행위자/기타	• 청각 및 언어 장애인 • 심신미약(본인 책임 없음) • 자수 • 처벌불원	• 특정강력범죄(누범)에 해당하지 않는 동종 누범 • 신고의무자 또는 보호시설 종사자가 범행하여 아동학대처벌법 제7조에 규정된 아동학대 신고의무자와 아동학대범죄에 해당하는 경우 • 상습범인 경우
일반 양형인자	행위	• 소극 가담 • 타인의 강압이나 위협 등에 의한 범행 가담	• 계획적 범행 • 비난 동기 • 심신장애 상태를 이용하여 강제추행한 경우 • 친족관계인 사람의 범행인 경우 • 청소년에 대한 범행인 경우
	행위자/기타	• 상당한 피해 회복(공탁 포함) • 진지한 반성 • 형사처벌 전력 없음	• 인적 신뢰관계 이용 • 특정강력범죄(누범)에 해당하지 않는 동종 누범, 누범에 해당하지 않는 동종 및 폭력 실형전과(집행유예 종료 후 10년 미만) • 2차 피해 야기(강요죄 등 다른 범죄가 성립하는 경우는 제외)

특별 양형 사례

감경 사례	가중 사례
• 우발적으로 발생한 상황에서 추행이 이루어진 경우로 추행의 정도가 약한 경우 • 자수한 경우	• 피해자를 여러 차례 반복적으로 추행하여 심각한 피해를 유발한 경우 • 피고인의 행위로 심각한 정신적 고통을 겪은 경우

일반 양형 사례

감경 사례	가중 사례
• 피고인이 형사처벌 전력이 없고, 적극적으로 상담을 받고 있는 등 노력하고 있는 경우	• 강제추행 피해자가 16세 청소년이고, 일정 기간 신뢰 관계가 있었던 경우

3. 마약범죄

단순투약·소지

구분		감경 요소	가중 요소
특별 양형인자	행위	• 범행가담 또는 범행동기에 특히 참작할 사유가 있는 경우 • 미필적 고의로 범행을 저지른 경우	• 범행동기에 특히 비난할 사유가 있는 경우 • 피지휘자에 대한 교사 • 취급한 마약류의 가액이 매우 큰 경우
	행위자/기타	• 청각 및 언어 장애인 • 심신미약(본인 책임 없음) • 자수 • 중요한 수사 협조	• 상습범인 경우 • 동종 전과(3년 이내 금고형의 집행유예 이상)
일반 양형인자	행위	• 소극 가담	• 학교 부근 등 특별한 보호가 필요한 장소에서 범행을 저지른 경우
	행위자/기타	• 심신미약(본인 책임 있음) • 자발적, 적극적 치료의사 • 형사처벌 전력 없음 • 일반적 수사 협조	• 범행 후 증거인멸 또는 은폐 시도 • 동종 전과(3년 초과 10년 이내 금고형의 집행유예 이상) 또는 이중 누범

특별 양형 사례

감경 사례	가중 사례
• 피고인이 친구로부터 엑스터시(MDMA)를 받아 투약했으나, 마약인 줄 모르고 한 경우(미필적 고의 존재) • 자수한 경우 • 피고인이 자신에게 마약을 준 사람과 판매한 사람을 체포하는 상황에 수사 협조를 한 경우	• 피고인에게 2년 전 동종 전과가 있었던 경우 • 다량, 다종의 마약을 다회에 걸쳐 투약한 경우

일반 양형 사례

감경 사례	가중 사례
• 피고인이 현재 적극적으로 치료 중인 경우	• 피고인에게 5년 전 동종 전과가 있었던 경우

매매·알선

구분		감경 요소	가중 요소
특별 양형인자	행위	• 범행가담 또는 범행동기에 특히 참작할 사유가 있는 경우 • 투약·단순소지 등을 위한 매수 또는 수수 • 미필적 고의로 범행을 저지른 경우	• 조직적 또는 전문적 범행 • 조직적 범행을 주도한 주모자나 그에 준하는 경우 • 범행동기에 특히 비난할 사유가 있는 경우 • 피지휘자에 대한 교사 • 취급한 마약류의 가액이 매우 큰 경우 • 불특정 또는 다수의 상대방을 대상으로 하거나 상당한 기간에 걸쳐 반복적으로 범행한 경우
	행위자/기타	• 청각 및 언어 장애인 • 심신미약(본인 책임 없음) • 자수 • 중요한 수사 협조	• 상습범인 경우 • 동종 전과(3년 이내 금고형의 집행유예 이상)
일반 양형인자	행위	• 소극 가담	• 학교 부근 등 특별한 보호가 필요한 장소에서 범행을 저지른 경우
	행위자/기타	• 심신미약(본인 책임 있음) • 형사처벌 전력 없음 • 일반적 수사 협조	• 범행 후 증거인멸 또는 은폐 시도 • 동종 전과(3년 초과 10년 이내 금고형의 집행유예 이상) 또는 이중 누범

특별 양형 사례

감경 사례	가중 사례
• 타인이 준 물건이 마약인지 모른 채 전달하는 과정에서 범죄에 연루된 경우 • 청각 및 언어 장애인인 A가 심신미약 상태에서 단순 투약 혐의로 기소되었으나, 자수하고 수사에 적극 협조한 경우	• 금전적 이득을 목적으로, 의도적으로 청소년을 대상으로 마약을 유포한 경우 • 조직적 범행의 주모자로, 대규모 마약 유통을 반복하며 동종 전과가 있는 경우

일반 양형 사례

감경 사례	가중 사례
• 우울증 및 스트레스 상황에서 충동적으로 범행을 저질렀으며, 당시 정신과 치료를 받고 있던 경우 • 수사 과정에서 자신의 역할과 범죄 경위를 성실히 진술하여 수사에 큰 도움을 준 경우	• 범행 후 자신의 집에 있던 마약을 폐기하거나 증거를 은닉하려는 행동을 한 경우 • 초등학교 근처에서 학생들에게 불법 약물을 판매한 경우

4. 사기범죄(일반사기)

구분		감경 요소	가중 요소
특별 양형인자	행위	• 미필적 고의로 기망행위를 저지른 경우 또는 기망행위의 정도가 약한 경우 • 손해발생의 위험이 크게 현실화되지 아니한 경우 • 사실상 압력 등에 의한 소극적 범행 가담 • 피해자에게도 범행의 발생 또는 피해의 확대에 상당한 책임이 있는 경우	• 불특정 또는 다수의 피해자를 대상으로 하거나 상당한 기간에 걸쳐 반복적으로 범행한 경우 • 피해자에게 심각한 피해를 야기한 경우 • 범행수법이 매우 불량하거나 재판절차에서 법원을 기망하여 소송사기 범죄를 저지른 경우 • 범죄수익을 의도적으로 은닉한 경우 • 피지휘자에 대한 교사
	행위자/기타	• 청각 및 언어 장애인 • 심신미약(본인 책임 없음) • 자수 또는 내부 비리 고발 처벌불원 또는 실질적 피해 회복(공탁 포함)	• 상습범인 경우 • 동종 누범
일반 양형인자	행위	• 기본적 생계치료비 등의 목적이 있는 경우 • 범죄수익의 대부분을 소비하지 못하고 보유하지도 못한 경우 • 소극 가담	• 학교 부근 등 특별한 보호가 필요한 장소에서 범행을 저지른 경우
	행위자/기타	• 심신미약(본인 책임 있음) • 진지한 반성 • 형사처벌 전력 없음 • 상당한 피해 회복(공탁 포함)	• 범행 후 증거인멸 또는 은폐 시도 • 이종 누범, 누범에 해당하지 않는 동종 및 횡령배임범죄 실형전과(집행종료 후 10년 미만) • 합의 시도 중 피해 야기(강요죄 등 다른 범죄가 성립하는 경우는 제외)

특별 양형 사례

감경 사례	가중 사례
• 동료가 작성한 서류가 허위임을 인지하지 못한 채 전달하는 업무를 수행하며 범행에 연루된 경우 • 투자 권유 과정에서 사실과 약간 다른 정보를 제공했으나 실제로 손해가 발생하지 않았고, 피해자와 상호 합의가 이루어진 경우	• 범행 후 편취한 금액을 차명 계좌로 송금하거나, 해외로 자금을 송출하여 수사를 방해한 경우 • 허위 정보를 통해 피해자의 전 재산을 잃게 만들었고, 피해자가 정신적 고통으로 치료를 받아야 하는 상황을 초래한 경우

일반 양형 사례

감경 사례	가중 사례
• 가족 병원비를 마련하기 위해 범죄를 저지르는 등 타인을 돕기 위한 목적이 명확한 경우 • 범죄 조직의 지시에 따라 단순 심부름 역할만 수행했으며, 범행의 계획이나 실행 과정에서 주도적인 역할이 없었던 경우	• 사치스러운 생활을 즐기기 위해 범행을 계획하고 실행한 경우 • 신뢰 관계에 있는 피해자의 심리를 이용해 범죄를 저지르고, 피해자의 경제적 상황을 악화시킨 경우

〈기타 주요 범죄〉

기타 사회적 파급력이 크거나 법적으로 중요한 범죄에 대해 법원은 별도의 양형 기준을 적용합니다. 아래 양형위원회 홈페이지에서 죄명별 양형 기준과 양형인지를 확인할 수 있습니다.

※ 양형위원회 홈페이지 참조 : https://sc.scourt.go.kr

가중 요소와 감경 요소의 개념

가중 요소란 피고인의 형량을 높이는 요소를 의미하며, 범죄의 중대성, 피해자의 피해 정도, 범행 동기 등이 포함됩니다. 예를 들어, 상습적 범죄나 잔혹한 수법으로 인해 피해자가 중상을 입은 경우 법원은 가중 처벌을 고려할 수 있습니다.

감경 요소는 반대로 형량을 줄이는 요소로, 피고인의 반성, 피해자와의 합의, 초범 여부 등이 해당됩니다. 범죄 후 피해 복구 노력을 성실히 수행하거나 자수한 경우 법원은 이를 감경 요소로 인정하여 형량을 줄일 수 있습니다.

가중 요소의 주요 사례

가중 요소는 범죄의 성격과 사회적 파급력에 따라 형량을 증가시키는 역할을 합니다. 주요 가중 요소는 다음과 같습니다.

1. **범행의 계획성과 잔혹성**

계획적으로 범죄를 저질렀거나 잔혹한 방법으로 범죄를 실행한 경우, 법원은 이를 가중 요소로 고려합니다. 예를 들어, 살인 사건에서 피해자를 계획적으로 살해한 경우와 우발적으로 발생한 살인은 형량에 큰 차이가 있습니다.

2. **범죄의 중복성(상습성)**

상습적으로 범죄를 저지르는 경우, 법원은 이를 가중 처벌의 요건으로 간주합니다. 예를 들어, 절도나 사기 등의 재산범죄를 반복적으로 저지른 피고인은 일반적인 경우보다 더 무거운 형량을 받을 수 있습니다.

상습범 가중의 해당 죄명

상습으로 다음의 죄를 범한 자는 그 죄에 정한 형의 2분의 1까지 가중한다.
제297조(강간), 제297조의2(유사강간), 제298조(강제추행), 제299조(준강간, 준강제추행), 제300조(297~299조의 미수범), 제302조(미성년자 등에 대한 간음), 제303조(업무상위력 등에 의한 간음), 제305조(미성년자에 대한 간음, 추행), 제329조(절도), 제331조의2(자동차등 불법사용), 제362조(장물의 취득, 알선 등), 제347조(사기), 제257조(상해, 존속상해), 제258조(중상해, 존속중상해), 제258조의2(특수상해), 제260조(폭행, 존속폭행), 제261조(특수폭행), 제276조(체포, 감금, 존속체포, 존속감금), 제277조(중체포, 중감금, 존속중체포, 존속중감금), 제203조 아편에 관한 죄, 제246조(도박, 상습도박)

---

3. 피해자의 피해 정도

범죄로 인해 피해자가 중상해를 입거나, 사망에 이른 경우 형량이 가중될 수 있습니다. 피해자의 상태와 피해 복구 여부가 양형에 직접적인 영향을 미칩니다.

4. 특수한 사회적 지위 이용

공무원이나 사회적 지위를 이용하여 범죄를 저지른 경우, 법원은 이를 가중 처벌의 요소로 볼 수 있습니다. 예를 들어, 직권남용이나 권력 남용을 통한 범죄는 더 엄격한 처벌을 받습니다.

5. 누범가중

「형법」 제35조는 금고(禁錮) 이상의 형을 선고받아 그 집행이 종료되거나 면제된 후 3년 이내에 금고 이상에 해당하는 죄를 지은 사람은 누범으로 처벌하도록 하고 있으며, 누범의 형은 그 죄에 대하여 정한 형의 2배까지 가중하도록 하고 있습니다.

감경 요소의 주요 사례

감경 요소는 피고인의 사정이나 범행의 특수성을 고려하여 형량을 줄이는 데 사용됩니다. 주요 감경 요소는 다음과 같습니다.

1. 초범 및 재범 여부
  초범인 경우, 재판부는 피고인의 갱생 가능성을 고려해 비교적 낮은 형량을 선고할 수 있습니다. 반대로, 재범의 경우에는 양형에 불리한 요소로 작용할 수 있습니다.

2. 피해자와의 합의 및 피해 복구 노력
  피고인이 피해자와 합의하고, 피해 복구를 위해 노력한 경우 법원은 이를 감경 요소로 인정할 수 있습니다. 피해자가 합의에 동의하여 선처를 요청하는 경우, 형량이 상당히 감경될 수 있습니다.

3. 진정한 반성
  피고인이 범죄에 대해 진정으로 반성하고 있다는 점이 법원에 인정될 경우, 형량이 감경될 수 있습니다. 자수하거나 법정에서 진심으로 죄를 뉘우친 경우에도 감경 요인으로 작용합니다.

4. 자수와 자발적인 신고(「형법」 제52조)
  범죄를 저지른 후 스스로 경찰에 자수하거나, 수사에 협조한 경우 법원은 이를 감경 요소로 간주합니다. 자수는 법적 처벌을 받겠다는 피고인의 의지를 나타내는 것으로, 양형에 긍정적인 영향을 미칠 수 있습니다.

5. 사회적 배경 및 환경

피고인이 사회적, 경제적으로 어려운 환경에서 범죄를 저질렀을 경우, 재판부는 이를 감안하여 형량을 감경할 수 있습니다. 단, 이 경우에도 범죄의 중대성은 반드시 고려됩니다.

양형 결정의 균형과 판사 재량권

양형은 법적 기준에 의해 이루어지지만, 판사의 재량권이 중요한 역할을 합니다. 법원은 개별 사건의 특수성과 다양한 양형 요소를 고려하여 피고인에게 적절한 형량을 선고합니다. 판사의 재량권은 법적 정당성을 보장하는 동시에, 사건의 특수한 상황을 고려해 유연하게 대처할 수 있는 장점이 있습니다. 다만, 이러한 재량권이 자의적으로 행사될 경우 법적 불신을 초래할 수 있으므로, 판결 과정에서 합리적이고 명확한 근거가 필요합니다.

형량 결정의 사례

사례 1 : 폭력 사건

한 피고인은 술에 취한 상태에서 우발적으로 폭행을 저질렀습니다. 그러나 사건 이후 피해자와 합의를 이루고, 법정에서 충분히 반성하는 태도를 보였습니다. 법원은 피고인이 초범이라는 점과 피해자와의 합의를 감경 요소로 인정하여, 실형 대신 집행유예를 선고하였습니다.

결론 : 초범과 피해자와의 합의는 형량을 줄이는 데 중요한 역할을 했습니다.

사례 2 : 재산 범죄

재범으로 사기범죄를 저지른 피고인은 피해 규모가 크고, 반복적으로 상습적인 범행을 저질렀습니다. 법원은 재범이라는 점과 범행 수법이 조직적이라는 점을 가중 요소로 판단하여, 징역형을 선고하였습니다. 또한, 피해 복구를 위한 노력이 전혀 이루어지지 않아 피고인에게 불리하게 작용했습니다.

결론 : 재범 사실과 피해 복구 노력이 전혀 이루어지지 않았다는 점이 형량을 한층 무겁게 만든 주요 요인으로 작용했습니다.

사례 3 : 자수한 마약 범죄자

한 피고인은 마약 중독 문제로 인해 마약을 소지하고 사용했습니다. 하지만 범행 후 스스로 자수하고, 치료를 받기 위해 적극적으로 노력했습니다. 법원은 자수, 치료 노력, 반성의 태도를 감경 요소로 인정하여, 비교적 낮은 형량을 선고하였습니다.

결론 : 자수와 치료 노력은 형량을 줄이는 데 중요한 영향을 미쳤습니다.

양형조사와 판결 전 조사 절차

형사재판에서 법원은 피고인에게 적절한 형량을 결정하기 위해 다양한 요인과 개인적 상황을 종합적으로 고려합니다. 이 과정에서 중요한 역할을 하는 것이 바로 양형조사와 판결 전 조사입니다. 이 두 절차는 피고인의 개인적 배경, 범행 동기, 생활 환경 등을 조사하여 형량을 결정하는 데 필요한 정보를 제공함으로써 보다 공정하고 적절한 판결을 내릴 수 있도록 돕습니다.

양형조사란?

양형조사는 법원이 피고인의 형량을 결정하기 위해 필요한 정보를 수집하는 절차입니다. 법원 조사관이 담당하며, 피고인의 개인적 사정과 사회적 배경, 범행

동기, 피해자와의 합의 여부, 피해 회복 노력 등을 심층적으로 조사하여 보고서를 작성합니다. 이 보고서는 재판부가 피고인에 대한 형량을 정할 때 중요한 참고 자료가 됩니다. 양형조사는 다음과 같은 경우에 이루어집니다.

- 피고인이나 변호인이 신청할 경우
- 법원이 직권으로 필요하다고 판단할 경우

양형조사는 피고인의 범죄 경위, 범행 동기, 범행 후의 태도 등 다양한 요소를 고려하여 양형에 필요한 종합적인 자료를 제공합니다. 이를 통해 재판부는 피고인이 반성하고 있는지, 재범 가능성이 낮은지 등을 판단하고 형량을 결정하는 데 있어 중요한 지침으로 활용합니다.

양형조사의 조사 사항

피해자 관련 사항	피고인 관련 사항
• 피해자의 상태와 태도 • 피고인과 피해자의 관계 • 피해자 가족의 상태와 태도 • 피해자의 법정출석, 증언 희망 여부 • 피해자의 상해 정도, 치료 기간, 치료비와 치료 현황	• 음주 습벽, 음주 치료 경력 • 범행 당시 심신상실, 심신미약 여부 • 알코올(약물) 중독 여부, 치료 경력 • 본 건과 유사한 범행 전력 • 범행 후 피고인의 생활 • 가족 또는 보호자의 관심과 보호 능력
범죄수익 관련 사항	합의 및 피해 회복 관련 사항
• 범행으로 취득한 실제 이득액 • 범죄수익의 은닉 여부 • 압수물, 범행이득의 반환 여부 • 공범과의 이익분배 여부	• 합의 및 피해 회복 여부와 그 내용 • 피해 회복을 위한 노력 여부와 그 내용 • 피해자가 합의를 하게 된 동기와 경위 • 합의금의 실제 지급 여부 • 피해 규모와 공탁액수의 부합 정도 • 피고인 가족들의 합의 의사, 합의 노력

추가 조사 사항
(예시) 피해자의 피고인에 대한 처벌 의사, 합의 의사
(예시) 피해자의 인적 사항 제공 의사
(예시) 피해자 처벌불원 의사의 진정성, 합의 경위 등

판결 전 조사

법원이 피고인의 사회적 처분 여부를 판단하기 위해 보호관찰소장에게 요청하여 피고인의 인적·사회적 환경 등을 조사하는 절차를 말합니다. 이 조사는 피고인이 보호관찰, 사회봉사명령, 수강명령 또는 전자장치(전자발찌) 부착 명령이나 신상정보 공개·고지 명령 등과 같은 처분을 받을 가능성이 있을 때 이루어집니다.

조사는 보호관찰관이 수행하며, 다음과 같은 항목을 포함하여 피고인의 재범 위험성과 사회적 재활 가능성을 종합적으로 평가합니다.
- 범행 동기
- 직업, 생활환경
- 교우 관계
- 가족 상황
- 피해 회복 여부
- 범죄 성향 및 재범 가능성

조사가 완료되면, 보호관찰관은 판결 전 조사 보고서를 작성하여 법원에 제출합니다. 법원은 이 보고서를 근거로 피고인의 사회 복귀 가능성을 평가하고, 필요시 사회적 처분(보호관찰, 전자장치 부착, 신상정보 공개 등)을 부과하게 됩니다.

양형조사와 판결 전 조사의 차이점

① **조사 주체** : 양형조사는 법원 조사관이, 판결 전 조사는 보호관찰관이 수행합니다.

② **조사 목적** : 양형조사는 피고인의 형량 결정을 위한 전반적인 자료 수집을 목표로 하며, 판결 전 조사는 보호관찰, 사회봉사, 수강명령 등과 같은 사회적 처분 여부를 결정하기 위한 자료 수집에 초점을 둡니다.

③ **활용 방법** : 양형조사 보고서는 피고인의 형량 결정에 직접적으로 반영되며, 판결 전 조사 보고서는 피고인의 사회적 재활과 관련된 법적 조건 설정에 활용됩니다.

양형조사와 판결 전 조사의 중요성

양형조사와 판결 전 조사는 형사재판에서 피고인의 상황을 면밀히 검토하여 공정하고 적절한 형량을 선고하는 데 중요한 역할을 합니다. 단순히 처벌을 목적으로 하지 않고, 재범 방지와 사회 복귀를 돕는 형사정책적 목적을 실현하는 데 필수적인 과정입니다. 이 절차는 피고인의 개인적 사정을 고려함으로써, 재판부가 범죄의 배경과 피고인의 태도를 이해하고, 형벌을 사회적으로 더 의미 있게 만들 수 있도록 돕습니다. 따라서, 피고인과 가족은 이 과정의 중요성을 이해하고, 필요한 자료와 준비를 철저히 해야 합니다.

사례 1 : 경제범죄로 인한 양형조사

한 피고인은 경제적 어려움으로 인해 사기죄를 저질렀습니다. 법원은 피고인의 경제적 상황, 범행 동기, 피해자와의 합의 여부 등을 확인하기 위해 양형조사를 의뢰했습니다. 조사 결과, 피고인이 범죄 이후 피해 보상을 위해 노력하고 있으며, 진심으로 반성하는 태도를 보이고 있다는 점이 확인되었습니다. 이러한 결과는 감경 요소로 작용하여, 법원은 피고인에게 더 낮은 형량을 선고하였습니다.

효과 : 피고인의 노력과 반성은 형량 결정에 긍정적인 영향을 미쳤습니다.

사례 2 : 성범죄와 판결 전 조사

한 피고인은 스토킹과 협박 혐의로 재판에 넘겨졌습니다. 피고인은 초범이었지만, 법원은 사건 과정에서 드러난 범죄 성향과 재범 가능성을 면밀히 검토할 필요가 있다고 판단했습니다. 이에 따라, 법원은 보호관찰소에 판결 전 조사를 의뢰하였습니다. 보호관찰관은 피고인의 가족 관계, 직업 상태, 교우 관계, 사회 적응력 등을 조사하여 보고서를 제출했습니다.

조사 결과, 피고인이 재범 가능성이 낮으며, 사회에서 재활 가능성이 있다는 점이 밝혀졌습니다. 이를 바탕으로 법원은 검사의 전자장치 부착 청구를 기각하고, 피고인에게 집행유예와 함께 일정 기간 동안 범죄 예방 교육 프로그램에 참여하도록 명령했습니다.

효과 : 판결 전 조사를 통해 피고인의 위험성을 평가하고 징역형을 대신해 보호관찰과 수강명령의 대안처분이 선고되었습니다.

제6장
형량 감경과 집행유예 제도

범죄가 발생하면 법원은 법에 따라 피고인에게 형벌을 내립니다. 하지만 모든 범죄에 똑같은 처벌을 하는 것은 아닙니다. 피고인의 상황이나 사건의 특별한 사정을 고려해 형량을 줄이거나, 형을 당장 집행하지 않고 일정 기간 미루는 제도가 있습니다. 이런 제도는 사회의 정의를 세우고 범죄를 줄이는 동시에, 피고인이 사회로 돌아와 다시 잘 살 수 있게 돕는 것을 목표로 합니다. 이번 장에서는 형량을 줄이는 이유와 집행유예 제도에 대해 자세히 알아보겠습니다.

형량 감경의 개념과 목적

형량 감경은 법원이 피고인에게 원래 정해진 형보다 더 낮은 형을 내릴 수 있게 하는 제도입니다. 이는 여러 가지 이유로 결정되며, 감경 사유가 인정되면 피고인은 더 가벼운 처벌을 받게 됩니다. 형량 감경이 이루어지는 이유는 다음과 같습니다.

① **피고인의 사회 복귀를 돕기 위해** : 형량을 줄여 피고인에게 다시 사회로 돌아갈 기회를 줍니다. 이를 통해 재범(다시 범죄를 저지르는 것)을 막을 수 있습니다.

② **사회적 정의를 실현하기 위해** : 범죄가 일어난 이유와 상황, 피고인의 처지를 모두 고려해 합리적인 형량을 정합니다. 이를 통해 정의로운 판결을 내릴 수 있습니다.

③ **사건의 특수성을 반영하기 위해** : 모든 사건이 동일하지 않기 때문에, 각 사건의 특수성을 반영하여 공정한 판결이 내려질 수 있도록 돕습니다.

이렇게 형량 감경 제도는 피고인의 상황과 범죄의 배경을 종합적으로 검토해 형벌을 유연하게 적용하는 중요한 장치입니다.

집행유예 제도의 개념과 요건

집행유예는 법원이 피고인에게 형을 선고하되, 그 형을 일정 기간 동안 실제로 집행하지 않고 유예하는 제도입니다. 만약 유예 기간 동안 피고인이 법을 잘 지키고 성실하게 생활하면, 형을 실제로 집행하지 않고 사건을 마무리합니다. 집행유예의 목적은 피고인의 재사회화를 돕고, 사회적 부담을 줄이며, 재범을 예방하는 데 있습니다.

집행유예의 요건
집행유예를 받기 위해서는 일정한 요건을 충족해야 합니다. 일반적으로 선고받은 형이 3년 이하의 징역이나 금고, 또는 500만 원 이하의 벌금형을 선고할 경우 집행유예가 가능합니다. 또한, 피고인이 초범이거나 반성의 태도를 보이는 경우, 사회적으로 복귀할 가능성이 높다고 판단되는 경우에 집행유예가 적용될 수 있습니다.

집행유예 선고 후 다른 사건으로 재판받게 되는 경우 집행유예의 효력
집행유예는 형의 선고를 받은 피고인에게 일정 기간 동안 형 집행을 유예하고, 유예 기간 동안 별다른 범죄를 저지르지 않을 경우 형 집행을 면제하는 제도입니다. 그러나 집행유예 기간 중 다른 범죄로 재판을 받게 되는 경우, 집행유예가 실효될 가능성이 생깁니다. 이에 따라 어떤 상황에서 집행유예가 유지되거나 실효되는지 명확히 이해하는 것이 중요합니다.

1. 집행유예 실효 요건
「형법」제63조에 따르면, 집행유예가 실효되기 위해서는 다음 두 가지 요건이 충족되어야 합니다.

① 집행유예 기간 중 저지른 고의 범죄일 것
② 새로운 사건(B 사건)에서 금고 이상의 실형이 선고되고, 해당 판결이 확정될 것

이 두 가지 요건을 모두 충족해야 기존 사건(A 사건)에서의 집행유예가 실효되며 선고된 형이 집행됩니다.

2. 집행유예가 실효되지 않고 유지되는 경우
다음의 경우에는 집행유예가 실효되지 않고 유지됩니다.

① 새로운 범죄(B 사건)가 기존 사건(A 사건)의 판결이 선고되기 전에 일어난 경우
② B 사건이 과실범(고의가 아닌 실수로 저지른 범죄)인 경우
③ B 사건에서 선고된 형이 벌금형이나 자격정지 등 금고 이상의 실형이 아닌 경우

3. 집행유예 실효의 결과
집행유예가 실효되면 A 사건에서 선고된 형이 집행되며, B 사건에서 새로 선고된 형 또한 별도로 집행됩니다. 즉, 두 사건의 형벌을 모두 복역해야 하는 상황이 발생합니다.

집행유예의 조건과 효과

집행유예를 받은 피고인은 법원이 정한 기간 동안 정해진 조건을 지켜야 합니다. 이러한 조건은 피고인의 행동을 관리하고, 사회에서 올바르게 생활하도록 돕

는 데 목적이 있습니다.

1. 보호관찰

집행유예를 받은 피고인은 보호관찰 대상이 될 수 있습니다. 피고인이 보호관찰의 대상이 되면, 보호관찰관이 피고인을 지도하고 감독하며, 피고인이 사회에 적응할 수 있도록 필요한 도움을 제공합니다. 또한 보호관찰의 대상이 된 피고인은, 정해진 시간에 보고서를 제출하거나, 보호관찰관과 정기적으로 만나야 할 수 있습니다.

2. 사회봉사 명령

법원은 피고인에게 일정 시간 동안 사회봉사를 하도록 명령할 수 있습니다. 이는 피고인이 자신의 잘못을 깨닫고 사회에 긍정적으로 기여할 기회를 제공하는 것입니다. 예를 들어, 공공시설을 청소하거나 봉사 활동에 참여하는 방식으로 이루어집니다.

3. 교육 프로그램 수강

법원은 특정 범죄와 관련된 교육 프로그램을 이수하도록 명령할 수 있습니다. 예를 들어, 음주운전 사건의 경우 음주 문제에 대한 교육을 듣게 할 수 있고, 폭력 사건의 경우 분노 관리 프로그램을 수강하도록 지시할 수 있습니다.

4. 집행유예의 효력

① 형 집행 면제

피고인이 집행유예 기간 동안 조건을 잘 지키고 법을 준수하면, 선고된 형벌은 실제로 집행되지 않습니다. 이는 피고인에게 다시 사회로 돌아갈 기회를 주는 효과가 있습니다.

② 재범 시 형 집행

만약 피고인이 집행유예 기간 중 다시 범죄를 저지르면, 유예된 형벌이 집행됩니다. 또한, 새로운 범죄에 대해 추가로 선고된 형도 함께 집행될 수 있습니다.

5. 형량 감경과 집행유예의 실제 사례

사례 1 : 재산 범죄의 감경

한 피고인은 경제적 어려움으로 인해 사기범죄를 저질렀으나, 범죄 후 피해자와 합의하고 피해금을 변제하기 위해 노력하였습니다. 법원은 이러한 점을 감안하여 형량을 감경하고, 집행유예를 선고하였습니다.

사례 2 : 초범의 폭력 사건

피고인은 우발적으로 폭력을 행사하였으며, 피해자와 원만하게 합의하고 깊이 반성하였습니다. 법원은 초범이라는 점과 진정성 있는 반성 태도를 고려하여 집행유예와 보호관찰을 명령하였습니다.

사례 3 : 음주운전 사건

한 피고인은 음주운전을 하다 사고를 냈지만, 다행히 큰 피해는 발생하지 않았습니다. 피고인은 사건 이후 음주 문제 개선을 위해 상담과 교육 프로그램에 자발적으로 참여하며 재발 방지 노력을 보여 주었습니다. 법원은 이러한 점과 초범이라는 점을 고려해 형량을 감경하고, 집행유예와 음주운전 예방 교육 수강을 명령했습니다.

사례 4 : 절도 사건

한 피고인은 생계가 어려워 가게에서 물건을 훔친 절도 범죄를 저질렀습니다. 피고인은 사건 이후 피해자에게 사과하고, 훔친 물건의 대가를 배상하며 용서를 받았습니다. 법원은 경제적 어려움이 범행 동기였음을 참작해 형량을 줄이고, 집행유예와 사회봉사를 명령했습니다.

사례 5 : 마약 투약 사건

한 피고인은 호기심으로 마약을 소량 투약한 혐의로 기소되었습니다. 수사 과정에서 피고인은 자신의 잘못을 인정하고, 재발 방지를 위해 약물 중독 치료 프로그램에 자발적으로 참여하며 갱생 의지를 보여 주었습니다. 또한, 피고인이 초범이며 사회적으로 안정된 환경에서 재활 가능성이 높다는 점이 참작되었습니다. 법원은 이를 고려해 형량을 감경하고, 집행유예와 약물 중독 예방 교육 프로그램 이수를 명령했습니다. 이 사례는 마약범죄에 대해 엄격한 처벌 원칙을 유지하면서도, 초범인 피고인에게 재활과 재범 방지의 기회를 준 예입니다.

기소유예, 선고유예, 집행유예의 개념

법적 절차에서 '유예'는 특정 처벌이나 형벌의 집행을 일정 기간 미루는 것을 의미합니다. 기소유예, 선고유예, 집행유예는 법적 절차의 서로 다른 단계에서 적용되는 제도로, 각각의 개념과 차이점을 아래에 정리하였습니다.

1. 기소유예

검사가 피의자의 혐의를 입증할 충분한 증거가 있음에도 불구하고, 피의자의 상황(전과 여부, 피해 정도, 반성 태도 등)을 고려해 기소를 하지 않고 처분을 유예하는 제도입니다.

① 적용 기준
- 범행이 경미하거나 피의자가 진심으로 반성하고 재범 가능성이 낮을 경우
- 피해자와 합의하거나 피해 회복을 위해 노력한 경우

② 효과
- 형사 기록 없음 : 기소 자체가 이루어지지 않아 법적 불이익을 받지 않음

- 재판 없이 사건이 종결됨

③ 유형
- 선도조건부 기소유예 : 피의자의 개선을 위한 보호관찰 등 조치
- 교육조건부 기소유예 : 교육 프로그램 이수 명령
- 상담조건부 기소유예 : 전문 상담 이수 명령

2. 선고유예

법원이 피고인에게 유죄 판결을 내릴 사유가 있음에도 형의 선고를 일정 기간(보통 2년) 미루는 제도입니다. 유예 기간 동안 문제가 없으면 형 선고가 면제되고, 사건은 없었던 일이 됩니다.

① 적용 기준
- 1년 이하의 징역, 금고, 자격정지 또는 벌금에 해당하는 경미한 범죄
- 피고인이 범행을 깊이 반성하고 재범 가능성이 낮다고 판단될 경우

② 효과
- 형사 기록 없음 : 유예 기간 동안 문제없이 지나면 형이 면제되고 전과 기록도 남지 않음
- 사회적 불이익이 최소화됨

3. 집행유예

법원이 피고인에게 유죄 판결과 형(주로 징역형)을 선고하면서도, 형 집행을 일정 기간(1~5년) 유예하는 제도입니다. 유예 기간 동안 문제가 없으면 형 집행이 면제됩니다.

① 적용 기준
- 3년 이하의 징역형이나 금고형 또는 500만 원 이하의 벌금형에 해당하는 경우
- 피고인이 깊이 반성하고 재범 가능성이 낮다고 판단될 경우

② 효과
- 형사 기록 남음 : 유죄 판결이 확정되므로 형사 전과 기록이 남음
- 유예 기간 동안 법을 잘 지키면 형이 집행되지 않음
- 재범 시 유예가 취소되며, 선고된 형벌이 모두 집행됨

③ 주의 사항

집행유예 기간 중 범죄를 저지를 경우, 유예가 실효되고 실형이 집행됨

기소유예, 선고유예, 집행유예의 공통점과 차이점

구분	내용	기소유예	선고유예	집행유예
공통점	의미	(기소)를 미룸	형의 선고를 미룸	형의 집행을 미룸
	판단기준	사안의 경중		
차이점	주체	검사	법원	
	단계	수사단계	재판단계	형 선고 후 단계
	적용대상	경미한 범죄	1년 이하 형벌에 해당하는 범죄	3년 이하 형벌에 해당하는 범죄
	범죄경력조회	없음		남아 있음
	수사기록	남아 있음		
	보호관찰	선택적(검사)	필수적	선택적(법원)
	법적효과	사건종결	형 선고가 면제됨	형 집행이 면제됨

기소유예, 선고유예, 집행유예는 모두 처벌을 일정 부분 미루거나 면제하는 제도로, 가해자의 반성 여부, 범행의 경중, 재범 가능성 등을 종합적으로 고려해 적용됩니다. 특히, 기소유예와 선고유예는 형사 기록이 남지 않으므로 피고인의 사회적 불이익을 최소화하는 데 유리합니다. 그러나 집행유예는 형사 기록이 남으므로 재범 방지를 위해 더욱 신중한 행동이 필요합니다.

관련 법률

형법

제59조(선고유예의 요건)
① 1년 이하의 징역이나 금고, 자격정지 또는 벌금의 형을 선고할 경우에 제51조의 사항을 고려하여 뉘우치는 정상이 뚜렷할 때에는 그 형의 선고를 유예할 수 있다. 단, 자격정지 이상의 형을 받은 전과가 있는 사람에 대해서는 예외로 한다.
② 형을 병과할 경우에도 형의 전부 또는 일부에 대하여 선고를 유예할 수 있다.

제60조(선고유예의 효과)
형의 선고유예를 받은 날로부터 2년을 경과한 때에는 면소된 것으로 간주한다.

제62조(집행유예의 요건)
① 3년 이하의 징역이나 금고 또는 500만원 이하의 벌금의 형을 선고할 경우에 제51조의 사항을 참작하여 그 정상에 참작할 만한 사유가 있는 때에는 1년 이상 5년 이하의 기간 형의 집행을 유예할 수 있다. 다만, 금고 이상의 형을 선고한 판결이 확정된 때부터 그 집행을 종료하거나 면제된 후 3년까지의 기간에 범한 죄에 대하여 형을 선고하는 경우에는 그러하지 아니하다.
② 형을 병과할 경우에는 그 형의 일부에 대하여 집행을 유예할 수 있다.

제62조의2(보호관찰, 사회봉사·수강명령)
① 형의 집행을 유예하는 경우에는 보호관찰을 받을 것을 명하거나 사회봉사 또는 수강을 명할 수 있다.
② 제1항의 규정에 의한 보호관찰의 기간은 집행을 유예한 기간으로 한다. 다만, 법원은 유예기간의 범위내에서 보호관찰기간을 정할 수 있다.
③ 사회봉사명령 또는 수강명령은 집행유예기간 내에 이를 집행한다.

제63조(집행유예의 실효)
집행유예의 선고를 받은 자가 유예기간 중 고의로 범한 죄로 금고 이상의 실형을 선고받아 그 판결이 확정된 때에는 집행유예의 선고는 효력을 잃는다.

제64조(집행유예의 취소)
① 집행유예의 선고를 받은 후 제62조 단행의 사유가 발각된 때에는 집행유예의 선고를 취소한다.
② 제62조의2의 규정에 의하여 보호관찰이나 사회봉사 또는 수강을 명한 집행유예를 받은 자가 준수사항이나 명령을 위반하고 그 정도가 무거운 때에는 집행유예의 선고를 취소할 수 있다.

제65조(집행유예의 효과)
집행유예의 선고를 받은 후 그 선고의 실효 또는 취소됨이 없이 유예기간을 경과한 때에는 형의 선고는 효력을 잃는다.

형사소송법
제247조(기소편의주의)
검사는 「형법」 제51조의 사항을 참작하여 공소를 제기하지 아니할 수 있다.

제7장
양형에 영향을 미치는 특별 요소

양형은 범죄의 성격과 법률에 따른 기준에 따라 이루어지지만, 특정한 요소들이 양형에 특별한 영향을 미칠 수 있습니다. 피고인의 나이, 재범 여부, 정신적 상태 등은 형량을 결정하는 데 있어 중요한 고려 요소가 됩니다. 이 장에서는 이러한 특별 요소들이 양형에 미치는 영향과 법원이 이를 어떻게 고려하는지에 대해 설명합니다.

미성년자와 청소년 범죄의 양형 기준

미성년자와 청소년이 저지른 범죄에 대해 법원은 일반 성인 범죄와 다른 기준을 적용합니다. 이는 청소년이 성인에 비해 정신적·신체적으로 미성숙하며, 갱생 가능성이 상대적으로 높기 때문입니다. 법은 청소년의 선도를 위해 처벌보다는 교화와 재활에 중점을 둡니다.

1. 소년법의 적용
만 19세 미만의 청소년이 범죄를 저지른 경우, 「소년법」에 따라 보호처분이 우선적으로 고려될 수 있습니다. 보호처분은 소년원 송치, 보호관찰, 사회봉사 명령 등 다양한 방식으로 이루어지며, 범죄의 심각성에 따라 형사처벌로 전환될 수도 있습니다.

2. 형량 감경 사유

청소년 범죄의 경우 법원은 피고인의 연령과 성장 환경, 범행 경위 등을 고려하여 형량을 감경할 수 있습니다. 미성년자가 범죄를 저지르는 경우 가중 요소보다는 감경 요소가 더 강조되는 경향이 있습니다.

초범과 재범의 차이

초범과 재범 여부는 양형에 중요한 영향을 미칩니다. 일반적으로 초범은 재범에 비해 관대한 처벌을 받는 경향이 있으며, 이는 피고인의 갱생 가능성과 사회 복귀에 대한 기대 때문입니다.

1. 초범에 대한 고려

초범의 경우, 피고인이 반성의 태도를 보이고 피해자와의 합의가 이루어지는 경우 형량이 감경될 수 있습니다. 법원은 초범이 사회로 복귀할 수 있도록 집행유예나 보호관찰을 명령할 수 있습니다.

2. 재범에 대한 가중 처벌

재범은 동일한 범죄를 다시 저지르는 경우로, 법원은 이를 가중 요소로 판단하여 형량을 더 높일 수 있습니다. 상습범이나 재범의 경우, 범행의 중대성과 사회적 위험성을 고려해 형량이 가중될 수 있습니다.

공범과 공동책임자의 양형

여러 명이 함께 범죄를 저지른 경우, 각 피고인의 역할과 가담 정도에 따라 양형이 달라질 수 있습니다. 공범 관계는 범죄의 계획성과 실행 과정에서의 역할 분담, 범행 동기 등에 따라 형량에 영향을 미칩니다.

1. 주범과 종범
 법원은 범행에서 주도적 역할을 한 주범과 단순 가담자인 종범을 구분하여 양형을 결정합니다. 주범의 경우 형량이 높을 수 있으며, 종범이나 단순 방조자의 경우 형량의 감경 사유가 될 수 있습니다.

2. 공동정범
 범행을 공동으로 계획하고 실행한 공동정범의 경우, 공범자 간의 책임을 개별적으로 판단합니다. 공동정범이라 하더라도 주도적인 역할을 했거나 가담 정도가 큰 경우 더 무거운 처벌이 이루어질 수 있습니다.

심신미약과 심신상실 상태

 범죄를 저지른 당시 피고인이 심신미약 또는 심신상실 상태에 있었던 경우, 법원은 이를 감경 사유로 인정할 수 있습니다. 다만, 심신미약이 인정되기 위해서는 의학적·법률적 검토가 필요합니다.

1. 심신미약
 피고인이 범행 당시 정신적·심리적으로 불안정한 상태였거나 충동적으로 행동한 경우, 심신미약으로 판단될 수 있습니다. 이는 형량을 감경하는 요소로 작용할 수 있습니다. 예를 들어, 정신 질환을 앓고 있는 피고인이 범죄를 저지른 경우, 법원은 그 상태를 면밀히 검토하여 판단합니다.

2. 심신상실
 피고인이 범행 당시 완전히 자기 통제 능력을 상실한 상태라면, 법원은 심신상

실로 판단할 수 있으며, 이 경우 형사 책임이 면제될 수 있습니다. 그러나 이러한 주장이 인정되기 위해서는 객관적인 증거와 전문가의 진단이 필요합니다.

가정폭력 및 성폭력 범죄의 특별 양형 요소

가정폭력과 성폭력 범죄는 피해자와 가해자 간의 관계, 범행의 경위와 피해자 보호 필요성 등에 따라 양형이 달라질 수 있습니다.

1. 가정폭력 범죄
가정 내에서 이루어진 폭력의 경우, 법원은 피해자 보호를 위해 접근 금지 명령이나 보호관찰 명령을 병행할 수 있습니다. 또한, 가해자의 반성 여부와 피해자의 안전을 보장하기 위한 조건을 양형에 반영합니다.

2. 성폭력 범죄
성폭력 범죄는 피해자의 정신적·신체적 고통이 큰 만큼, 양형 기준도 엄격하게 적용됩니다. 범행의 계획성, 피해자의 상태, 피해자와의 합의 여부 등이 중요한 양형 요소로 작용합니다. 특정 성범죄는 전자발찌 부착 명령이나 신상 공개 등의 조치가 추가될 수 있습니다.

사회적·경제적 배경과 형량 결정

피고인의 사회적·경제적 배경도 양형에 영향을 미칠 수 있습니다. 경제적 어려움으로 인한 생계형 범죄나 사회적 소외 계층의 범죄는 그 배경을 고려하여 감경될 수 있습니다. 다만, 범죄의 중대성과 피해자에 대한 피해 복구 여부도 함께 고려됩니다.

1. 생계형 범죄

경제적 어려움으로 인해 불가피하게 범죄를 저지른 경우, 법원은 이를 정상 참작하여 형량을 감경할 수 있습니다. 그러나 재범의 위험성이 있는 경우, 가중 처벌의 대상이 될 수 있습니다.

2. 사회적 차별과 범죄

사회적 차별이나 소외로 인해 범죄를 저지른 경우에도 법원은 이를 일정 부분 고려할 수 있습니다. 다만, 이러한 배경이 범죄를 정당화할 수는 없으며, 법적 책임은 반드시 따릅니다.

특별 양형 요소의 실제 사례

사례 1 : 심신미약 상태의 범죄

피고인은 심각한 정신 질환을 앓고 있는 상태에서 폭력을 행사하였으며, 범행 당시 심신미약 상태였음이 인정되었습니다. 법원은 이를 감경 사유로 인정하여 형량을 낮췄습니다.

사례 2 : 공범 관계에서의 형량 차이

한 사건에서 피고인 두 명이 함께 범죄를 저질렀으나, 한 명은 주도적인 역할을, 다른 한 명은 방조적인 역할을 했음이 인정되었습니다. 법원은 주범에 대해 더 높은 형량을 선고하고, 종범에 대해서는 감경된 형량을 선고하였습니다.

사례 3 : 미성년자 범죄의 선도적 처분

미성년자가 절도 범죄를 저질렀으나 반성의 태도를 보이고 재활 가능성이 높다고 판단했습니다. 법원은 보호처분을 통해 소년원 송치 대신 보호관찰을 명령하였습니다.

미결수용자의 징벌과 재판상 불이익

 미결수용자는 무죄 추정의 원칙에 따라 아직 범죄 혐의가 확정되지 않은 상태에서, 구속의 필요성이 인정되어 수용된 상태에 있습니다. 그러나 이는 단순한 구속 상태를 넘어, 유죄판결 가능성이 상대적으로 높음을 반영한다고도 볼 수 있습니다. 따라서 미결수용 기간 동안에는 자신의 무죄를 증명하거나, 유죄를 인정하는 경우에도 최대한의 선처를 구하기 위한 노력이 요구됩니다. 피해자와의 합의, 반성문 작성, 탄원서 제출 등 형량을 감경하기 위한 여러 방안을 실행하는 것이 이에 해당합니다.

 그러나 이러한 노력들을 무효화할 수 있는 중요한 요인이 존재하는데, 그것은 바로 미결수용 중 징벌 처분을 받는 경우입니다. 대한민국 「형의 집행 및 수용자의 처우에 관한 법률」 제111조의2에 따르면, "소장은 미결수용자에게 징벌을 부과한 경우에는 그 징벌대상행위를 양형(量刑) 참고자료로 작성하여 관할 검찰청 검사 또는 관할 법원에 통보할 수 있다."라고 규정하며 실제로 교도소장은 특별한 사정이 없는 한 해당 사항을 법원에 양형 참고 자료로 통보하고 있습니다. 이 자료가 실제로 형량에 반영될지는 판사의 재량에 달려 있으나, 징벌 사실이 피고인의 불리한 사정으로 작용할 가능성은 매우 높습니다.

미결수용 중 징벌 처분의 영향
 법원은 피고인의 태도와 반성을 형량에 반영하며, 구치소 내 규율 위반과 징벌 처분은 반성 부족으로 해석될 소지가 큽니다. 예를 들어, 반성문과 탄원서가 제출되더라도, 징벌 사실이 존재한다면 판사가 이를 긍정적으로 고려할 가능성은 낮아집니다. 이는 재판 과정에서 정상참작의 기회를 크게 제한하며, 형량 가중의 요소로 작용할 가능성을 높입니다.

징벌 처분과 헌법적 쟁점

징벌 처분에 따른 양형 참고 자료 통보 제도와 관련하여, 개인정보자기결정권 침해를 이유로 헌법소원이 제기된 바 있습니다. 그러나 헌법재판소는 이에 대해 합헌 결정을 내렸습니다(헌재 2016. 4. 28., 2012헌마549). 이는 징벌 처분이 피고인의 형량 산정에 영향을 미칠 수 있음을 법적으로도 인정한 사례로 평가됩니다.

미결수용자의 유의 사항

미결수용자는 구치소 내에서 모든 규율을 철저히 준수하고, 소란이나 다툼을 피해야 합니다. 사소한 규정 위반조차 재판에서 불리한 요소로 작용할 수 있으며, 반성문과 탄원서 등의 선처 요청이 물거품이 될 위험이 있습니다. 불가피한 상황으로 분쟁에 휘말리게 된 경우에도, 담당 교도관과 감독 교도관에게 적극적으로 선처를 구하고 징벌에 이르지 않도록 최선을 다해야 합니다. 미결수용 기간은 단순히 수용 생활을 넘어, 자신의 처벌 수위를 결정짓는 중요한 과정임을 명심하고, 이를 전략적으로 관리하는 태도가 요구됩니다.

형의 집행 및 수용자의 처우에 관한 법률

제111조의2(징벌대상행위에 관한 양형 참고자료 통보)
소장은 미결수용자에게 징벌을 부과한 경우에는 그 징벌대상행위를 양형(量刑) 참고자료로 작성하여 관할 검찰청 검사 또는 관할 법원에 통보할 수 있다.

제8장
재판 준비 가이드

구속 피고인의 항소와 상고

구속된 상태에서 무죄나 집행유예를 기대하며 판결을 기다리다 실형이 선고되면, 피고인이 느끼는 좌절감은 매우 클 수 있습니다. 하지만 이것이 끝이 아닙니다. 항소와 상고 절차를 통해 법원의 판단을 다시 구할 기회가 남아 있습니다.

1. 항소의 개요와 절차
항소는 1심 판결에 불복하여 상급 법원의 판단을 다시 받는 절차입니다. 항소는 「형사소송법」에 따라 정해진 기간 내에 진행되어야 합니다.

2. 항소 제기 기한
「형사소송법」에 따라 항소를 제기할 수 있는 기한은 다음과 같습니다.

• 항소장 제출 기한
1심 판결 선고일로부터 7일 이내에 원심법원(1심 법원)에 제출해야 합니다. (「형사소송법」 제357조~359조)

• 항소이유서 제출 기한
소송기록접수 통지를 받은 날로부터 20일 이내에 항소법원에 제출해야 합니다. (「형사소송법」 제361조의3 1항) 다만, 그러나 국선 변호인이 늦게 선정되어 준비 시간이 부족한 경우, 변호인은 정당한 사유를 들어 법원에 항소이유서 제출 기한의 연장을 요청할 수 있습니다.

• 항소장 제출 기한의 재소자에 대한 특칙

교도소나 구치소에 있는 피고인이 상소(항소 또는 상고)를 제기하려는 경우, 상소 제기 기간 내에 교도소장 또는 구치소장에게 상소장을 제출하면, 법적으로 상소 제기 기간 내에 제출한 것으로 인정됩니다. 이 특칙은 구속 상태인 피고인이 시간적, 물리적 제약으로 불이익을 당하지 않도록 보장하기 위한 제도입니다. (「형사소송법」 제344조)

형사소송법

제344조(재소자에 대한 특칙)
① 교도소 또는 구치소에 있는 피고인이 상소의 제기기간 내에 상소장을 교도소장 또는 구치소장 또는 그 직무를 대리하는 자에게 제출한 때에는 상소의 제기기간 내에 상소한 것으로 간주한다.

---

3. 항소장 작성

항소장은 간단하게 작성할 수 있습니다. 항소 대상인 판결과 항소 의사를 명확히 기재하면 됩니다. 구체적인 이유나 변론 내용은 항소심 절차에서 별도로 제출할 수 있습니다.

4. 항소장 제출 방법

• 구속된 피고인 : 구치소 소송 담당자에게 항소장 제출을 요청하면 됩니다. 이를 통해 기한 내에 원심법원에 제출할 수 있습니다.
• 변호인을 통한 제출 : 1심에서 선임된 국선변호인이나 사선변호인을 통해 항소장의 작성 및 제출을 의뢰할 수 있습니다.

5. 항소의 중요성

항소는 단순히 1심 판결의 결과를 뒤집는 시도가 아닙니다. 항소심에서는 다음과 같은 부분을 다시 검토받을 수 있습니다.

- 사실 판단의 오류 : 사건의 사실관계가 잘못 판단되었는지 여부
- 법률 적용의 적합성 : 법이 올바르게 적용되었는지 여부
- 양형의 과다 여부 : 판결된 형량이 지나치게 무거운지 검토

따라서 항소심을 통해 1심에서 부족했던 부분을 보완하고 더 유리한 결과를 얻기 위해 체계적으로 준비하는 것이 중요합니다.

6. 상고 절차와 연계

항소심 판결에도 불복할 이유가 있다면, 대법원에 상고할 수 있습니다. 상고는 법률 적용의 오류나 위법성을 중심으로 심사하는 절차입니다.

항소와 상고는 피고인의 법적 권리입니다. 이 절차를 적극적으로 활용하면 판결의 적정성과 공정성을 다시 점검받을 수 있습니다.

1심 단독판사 사건
항소 ☞ 지방법원 합의부
상고 ☞ 대법원

1심 합의부 사건
항소 ☞ 고등법원
상고 ☞ 대법원

형사사건에서 국선변호인의 도움을 받는 방법과 절차

국선변호인은 경제적 어려움으로 변호인을 선임할 수 없는 피고인에게 법원이 국가의 비용으로 변호인을 선정해 주는 제도입니다. 이 제도를 통해 피고인은 법적 방어권을 충분히 보장받을 수 있습니다. 아래는 국선변호인을 통해 도움을 받는 절차와 관련 내용을 정리한 것입니다

1. 국선변호인 선정 고지
형사소송에서 검사가 공소를 제기하거나 피의자를 구속하려고 구속영장을 청구하는 경우, 법원은 피의자나 피고인에게 국선변호인 선정 고지서를 발송합니다.

※ 용어 설명
- 피의자 : 입건 후 공소 제기 전 수사 단계에 있는 사람
- 피고인 : 공소 제기 이후 재판에 회부된 사건 당사자

2. 국선변호인 선임 청구
공소가 제기된 피고인은 빈곤 기타 사유로 인하여 변호인을 선임할 수 없는 경우, 법원에 국선변호인을 선임해 달라고 청구할 수 있습니다.

청구 방법
- 공판 기일 전에 국선변호인 선정 청구서를 법원에 제출
- 공판 기일에 출석해 재판장에게 직접 구두로 청구

선정 조건
- 구속 여부와 상관없이, 피고인이 국선변호인 지원이 필요함을 소명하면 특별한 사정이 없는 한 국선변호인이 선정됩니다.

3. 국선변호인 신청 및 명단 확인

법원이 발송한 국선변호인 선정 고지서에는 사건과 관련하여 신청 가능한 국선변호인의 명단이 포함되어 있습니다. 법원이 지정한 변호사의 조력을 받거나 원하는 국선변호사를 우선순위로 지정하여 제출할 수도 있습니다.

4. 법원의 국선변호인 선정 및 통지

법원은 피고인의 의사를 고려해 국선변호인을 선정하며, 선정 결과를 피고인에게 통지합니다. 피의자 또는 피고인은 위 통지를 받은 후 변호사와 연락하여 상담 일정을 잡고 사건 진행 방향을 논의할 수 있습니다.

5. 국선변호인 지원 대상 예외

수사단계의 피의자는 원칙적으로 국선변호인을 신청할 수 없으나, 다음 경우 예외적으로 신청할 수 있습니다.

① 구속영장이 청구된 피의자 : 법원은 구속 전 피의자 심문 단계에서 국선변호인을 직권으로 선정
② 체포·구속적부심사를 청구한 피의자 : 법원은 국선변호인을 직권으로 선정
③ 성폭력 피해자의 경우 : 수사단계에서도 국선변호인 지원 가능

Q&A

질문 1) 절도죄로 재판 중인데, 변호사를 선임할 형편이 어렵습니다. 국선변호인을 청구할 수 있나요?

가능합니다. 절도죄는 「형법」 제329조에 따라 장기 6년 이하의 징역에 해당하므로, 필요적 국선변호인 선정을 요하지 않습니다. 그러나 「형사소송법」 제33조 제2항의 사유가 있는 피고인이 청구하면 국선변호인을 선정할 수 있습니다. 최근 법원의 실무는 국선변호인 선정을 확대하는 방향으로 이루어지고 있습니다.

> **질문 2) 사기 혐의로 수사를 받는 중입니다. 경제적 사정으로 국선변호인을 청구할 수 있나요?**
>
> 수사 단계에서는 체포 또는 구속적부심사를 청구하지 않는 이상 국선변호인을 청구할 수 없습니다. 그러나 구속영장이 청구된 경우, 법원은 직권으로 국선변호인을 선정하며, 체포·구속적부심사가 청구된 경우에도 국선변호인 선정이 가능합니다. (「형사소송법」 제214조의2 제9항)

형사 합의를 위한 협상 기술(가해자의 입장에서)

형사사건에서 피해자와의 합의는 법적 책임 경감 및 처벌 완화에 중요한 영향을 미칩니다. 그러나 합의 과정은 감정적, 심리적으로 복잡하며, 신중한 접근과 기술이 필요합니다. 아래는 가해자의 입장에서 합의를 효과적으로 이끌어 내기 위한 협상 기술과 심리학적 원칙을 정리한 내용입니다.

1. 피해자의 감정에 공감하며 '타임아웃'을 갖기

합의의 첫 단계는 피해자의 감정을 이해하고 이를 존중하는 것입니다. 단순히 "얼마를 원하느냐"를 묻기 전에, 진심으로 반성과 사과의 태도를 보여야 합니다.

'어떠한 처벌도 감수하겠다'는 반성의 자세는 피해자의 화를 가라앉히고 감정을 누그러뜨리는 데 효과적입니다. 아울러 피해자가 합의를 거부하는 상황에서도 이러한 반성적 태도는 피해자에게 숙고의 여지를 주어 가해자의 선처를 생각하게 만드는 간접적인 효과를 가져올 수 있습니다.

2. 제3자의 중재자를 활용하기

가해자가 직접 피해자와 협상에 나설 경우, 오히려 협박으로 오해를 살 수 있습니다. 따라서 제3자를 내세워 협상을 진행하는 것이 현명합니다.

- 변호사(사선 또는 국선 변호인) : 법률 전문가로서 합리적이고 객관적인 접근이 가능함
- 직장 상사, 신뢰할 수 있는 지인 등 : 법적 조언이 어려운 경우, 중립적이고 존경받는 제3자가 피해자와의 신뢰를 형성할 수 있음
- 경찰 중재 : 경찰은 양측의 감정 대립을 완화하고 합의 과정을 공식적으로 돕는 역할을 할 수 있음

3. 심리학적 기술을 활용한 협상 전략

① 선한 피해자 효과 활용하기

피해자는 "돈이 목적이 아니라 진정성 있는 사과를 원한다."라는 표현을 자주 합니다. 피해자의 이러한 태도를 존중하고 인정하면, 과도한 합의금 요구 가능성을 낮출 수 있습니다. 피해자에게 "선한 피해자"라는 메시지를 전달함으로써, 합리적인 합의 조건을 유도할 수 있습니다.

② 사회적 증거의 법칙 활용하기

피해자와 가해자는 종종 "사회적으로 적정한 합의금"에 대해 불확실성을 느낍니다. 이때 법률 전문가가 제시하는 합의금 기준은 피해자에게 객관적으로 인식될 가능성이 높습니다. 전문가의 의견을 활용하여 피해자에게 사회적으로 적절한 금액이라는 신뢰를 주는 것이 중요합니다.

③ 대조 효과의 적절한 사용

지나치게 낮은 금액을 먼저 제시하는 '후려치기' 방식은 감정적 반발을 초래할 수 있으므로 피해야 합니다. 오히려 금액을 제시하지 않고 침묵하며 피해자가 스스로 합의금을 제안하도록 유도하는 방식이 효과적입니다.

④ 침묵 전략

협상에서 말이 많은 쪽이 불리하다는 점을 명심해야 합니다. 지나치게 조급한 태도를 보이면, 피해자가 이를 이용해 더 높은 금액을 요구할 수 있습니다. 용서와 사죄를 진심으로 표현하되, 합의금 제안 없이 피해자의 요구를 경청하며 적절한 시점에 침묵을 유지하는 것이 유리합니다. 침묵은 피해자에게 가해자의 태도와 진정성을 생각할 시간을 주는 동시에, 피해자가 스스로 합리적 금액으로 내리도록 하는 효과가 있습니다.

⑤ 협상할 때 주의할 점

- 진정성 있는 태도 유지 : 모든 협상 기술의 기본은 진정성 있는 반성과 사과입니다.
- 과도한 감정 자극 방지 : 피해자의 감정을 자극하지 않도록 신중하게 언행을 조절해야 합니다.
- 현실적 합의금 준비 : 지나치게 낮은 금액 제안은 협상을 무산시킬 위험이 있으므로, 사전에 충분히 준비된 금액을 마련해야 합니다.
- 법적 조언 활용 : 전문가의 도움을 받아 협상의 적정 범위와 법적 결과를 예측하는 것이 중요합니다.

형사 합의는 단순히 금전적 보상이 아니라, 피해자와 가해자 간의 심리적, 감정적 합의를 통해 이루어져야 합니다. 신중한 협상 전략과 진심 어린 태도를 결합하면 합리적인 결과를 도출하고, 형사사건 해결에 긍정적 영향을 줄 수 있습니다.

제9장
양형 관련 질문과 답변(FAQ)

Q : 집행유예는 어떤 경우에 받을 수 있나요?

A : 일반적으로 선고된 형이 3년 이하의 징역이나 금고 또는 500만 원 이하의 벌금형을 선고할 경우 집행유예가 가능합니다. 피고인이 초범이거나 진정성 있는 반성을 보일 때, 법원은 집행유예를 고려할 수 있습니다.

Q : 반성문은 재판에서 중요한 역할을 하나요?

A : 네, 반성문은 피고인의 반성 태도를 보여 주는 중요한 자료로 활용됩니다. 진정성 있고 구체적인 반성문은 양형에 긍정적인 영향을 미칠 수 있습니다.

Q : 피해자와 합의하면 형량이 줄어드나요?

A : 피해자와의 합의는 감경 요소로 작용할 수 있으며, 법원은 이를 고려해 형량을 줄일 수 있습니다. 다만, 범죄의 중대성에 따라 합의만으로는 감경이 어려울 수도 있습니다.

Q : 탄원서는 누가 작성할 수 있나요?

A : 피고인의 가족, 친구, 직장 동료 등 피고인을 잘 아는 사람이 작성할 수 있습니다. 탄원서는 피고인의 성격과 평소 행동, 사회적 기여 등을 강조하는 내용을 담아야 합니다.

Q : 양형조사에서 중요한 요소는 무엇인가요?

A : 양형조사에서는 피고인의 범죄 동기, 사건 전후의 태도, 피해자와의 합의 여부, 사회적·경제적 배경, 재범 가능성 등이 중요한 요소로 다뤄집니다. 또한 피고인의 반성의 진정성과 재활 의지도 중요하게 평가됩니다.

Q : 양형조사나 판결 전 조사를 받을 때 준비해야 할 것이 있나요?

A : 피고인은 자신의 범행에 대한 반성문, 피해자와의 합의서(가능한 경우), 범행 이후의 개선 노력(교육 프로그램 참여, 상담 기록 등)을 증명할 자료를 준비하는 것이 좋습니다. 또한 가족이나 지인들이 작성한 탄원서도 제출할 수 있습니다.

Q : 판결 전 조사는 반드시 받아야 하나요?

A : 판결 전 조사는 모든 사건에 적용되는 것은 아닙니다. 보호관찰이나 사회봉사명령 등이 필요한 경우에 법원이 보호관찰소에 요청하여 진행됩니다. 필요한 경우에만 이루어지므로, 해당 사항이 있을 때 미리 준비하는 것이 좋습니다.

Q : 판결 전 조사에서 부정적인 결과가 나오면 어떻게 되나요?

A : 판결 전 조사에서 부정적인 평가가 나온 경우, 법원은 이를 고려하여 보다 엄격한 형량이나 조건을 부과할 수 있습니다. 하지만 피고인이 진정으로 반성하고 개선 의지를 보일 경우, 이를 입증할 자료를 통해 법원에 긍정적인 요소로 어필할 수 있습니다.

Q : 피해자와 합의가 이루어지면 형량이 반드시 감경되나요?

A : 피해자와의 합의는 양형에 있어 중요한 감경 요소로 작용할 수 있지만, 반드시 형량이 감경되는 것은 아닙니다. 법원은 피해자와의 합의 외에도 피고인의 행위의 중대성, 재범 위험성 등 다양한 요소를 종합적으로 고려하여 형량을 결정합니다.

Q : 탄원서는 몇 통이 적절한가요?

A : 탄원서의 수보다는 내용의 진정성이 더 중요합니다. 너무 많은 탄원서가 제출되더라도 내용이 부실하거나 피상적인 경우, 법원에서 큰 의미를 부여하지 않을 수 있습니다. 따라서 피고인을 잘 아는 사람들이 구체적이고 진솔한 내용으로 작성하는 것이 효과적입니다.

Q : 양형 기준표는 어떻게 활용되나요?

A : 양형 기준표는 법원이 형량을 결정할 때 참고하는 지침으로, 각 범죄 유형별로 기준 형량이 설정되어 있습니다. 법원은 이 기준을 바탕으로 피고인의 범죄 행위에 대해 적절한 형량을 검토하며, 가중·감경 요소를 적용하여 최종 형량을 결정합니다.

Q : 집행유예를 받은 경우 어떤 조건이 부과될 수 있나요?

A : 집행유예를 받게 되면 보호관찰, 사회봉사 명령, 특정 교육 프로그램 수강 등의 조건이 부과될 수 있습니다. 조건을 위반할 경우 유예된 형이 집행될 수 있으므로, 주어진 조건을 성실히 이행해야 합니다.

Q : 자수하면 반드시 형량이 줄어드나요?

A : 자수는 일반적으로 감경 요소로 작용하지만, 반드시 형량이 줄어드는 것은 아닙니다. 범행의 중대성과 피고인의 자수 동기 등이 함께 고려됩니다. 진정성 있는 자수와 범행 이후의 행동이 중요하게 평가됩니다.

Q : 판사님이 탄원서를 읽고 양형에 참작할 가능성은 얼마나 되나요?

A : 탄원서는 피고인의 긍정적인 면이나 진정성 있는 반성의 태도를 판사에게 전달하기 위한 중요한 자료로 사용됩니다. 판사님이 탄원서를 읽고 양형에 참작할지는 탄원서의 내용과 진정성, 피고인과의 관계, 그리고 구체적인 사례 제시 여부에 따라 다릅니다. 단순히 형량을 줄여 달라는 요청보다는, 피고인의 성격, 행실, 범행 이후의 태도 등을 구체적이고 진솔하게 다룬 탄원서가 더 큰 영향을 미칠 수 있습니다.

Q : 판사님께서 모든 탄원서를 다 읽어 보시나요?

A : 일반적으로 판사님은 제출된 모든 탄원서를 검토하지만, 양형에 실질적인 영향을 미치기 위해서는 탄원서의 진정성과 구체성이 중요합니다. 많은 수의 탄원서보다는 피고인과의 관계가 명확하고, 구체적이며 진솔한 내용을 담은 몇 개의 탄원서가 더 효과적일 수 있습니다.

Q : 탄원서가 양형에 참작되지 않는 경우도 있나요?

A : 네, 탄원서가 반드시 양형에 참작되는 것은 아닙니다. 탄원서의 내용이 피상적이거나, 피고인의 반성이나 재발 방지 의지를 뒷받침하지 못한다고 판단될 경우 양형에 큰 영향을 미치지 않을 수 있습니다. 또한, 범죄의 중대성이나 사회적 비난의 정도에 따라 탄원서의 영향력이 제한적일 수 있습니다.

Q : 탄원서의 내용이 법적 판결에 얼마나 영향을 미칠 수 있나요?

A : 탄원서는 피고인의 성격, 범행 이후의 태도, 반성의 진정성 등을 재판부에 호소할 수 있는 기회입니다. 법원은 탄원서를 양형 판단에 참고할 수 있으며, 특히 피고인의 진정성 있는 반성과 사회적·가족적 지지 기반이 탄탄하다는 점을 증명할 때 양형에 긍정적인 영향을 줄 수 있습니다. 그러나 최종 판결은 당해 사건을 전체적·종합적으로 고려하여 결정됩니다.

Q : 탄원서나 반성문에 정해진 양식이 있나요?

A : 법적으로 탄원서나 반성문에 정해진 양식은 없습니다. 그러나 일반적으로 본인의 이름, 피고인과의 관계, 진술하고자 하는 내용, 결론, 작성 날짜 및 서명을 포함하는 형태로 작성됩니다. 중요한 것은 내용을 명확하고 진솔하게 전달하는 것입니다. 형식적인 측면보다 진정성과 구체적인 내용이 더욱 중요합니다.

Q : 탄원서나 반성문은 어느 정도의 분량으로 작성해야 하나요?

A : 탄원서나 반성문에 권장되는 분량은 대체로 A4용지 1~2장 정도입니다. 너무 길게 작성하면 핵심 메시지가 흐려질 수 있으므로, 간결하면서도 진솔하게 작성하는 것이 좋습니다. 중요한 것은 내용이 충실하고 피고인의 반성이나 탄원하는 이유가 명확하게 전달되는 것입니다.

Q : 합의서와 처벌불원서는 양식이 따로 있나요? (작성 요령)

A : 법적으로 합의서와 처벌불원서에 정해진 공식 양식은 없습니다. 하지만, 일반적으로 다음과 같은 항목을 포함하면 됩니다.

- 사건 정보 : 사건번호와 사건명 등 사건을 식별할 수 있는 정보
- 당사자 정보 : 피해자와 피의자(또는 피고인)의 이름, 주민등록번호, 주소 등을 명확히 기재
- 합의 내용 : 합의 금액, 피해 복구 여부, 합의 조건 등을 구체적으로 명시
- 처벌불원 의사 : 피해자가 피의자에 대한 처벌을 원하지 않는다는 점을 분명히 진술
- 작성일 및 서명 : 작성 날짜와 당사자(피해자, 피의자)의 서명 또는 날인

다음 예시를 참고해 작성하면, 법적 요건을 충족하면서도 재판부나 수사기관에 명확히 의사를 전달할 수 있습니다.

합의서 및 처벌불원서 예시

- 사　　건
- 피 고 인　　이름 : ○○○
　　　　　　　주민등록번호 :
　　　　　　　주소 :
- 피 해 자　　이름 : ○○○
　　　　　　　주민등록번호 :
　　　　　　　주소 :

1. 위 사건과 관련하여, 피해자는 피해자로부터 합계　　　원을 수령하고 원만의 합의하였으며, 추후 피해자는 피고인에 대한 일체의 민형사상 이의나 분쟁(배상명령 신청 포함)을 제기하지 않기로 합니다.

2. 아울러 피해자는 피고인의 처벌을 원치 않으므로 피고인에 대하여 법이 허용하는 최대한의 선처를 바랍니다.

※ 첨부서류 : 피해자 본인 □□□의 신분증 1부

　　　　　　　　2025.　.　.

　　　　　　　　　　　　　　　　위 피해자　　　　　(인)

○○지방법원 귀중

Q : 피해자와 합의를 못 한 경우, 공탁을 통해 합의와 같은 효과를 볼 수 있나요?

A : 피해자와 합의가 이루어지지 않은 경우, 피고인은 공탁을 통해 금전적 배상을 시도할 수 있습니다. 하지만 공탁은 합의와 동일한 효과를 가지지는 않습니다. 합의는 금전적 배상뿐 아니라 피해자의 용서와 처벌불원 의사를 포함하며, 이는 형량 감경에 큰 영향을 미칠 수 있습니다. 반면, 공탁은 금전적 배상에 한정되므로 피해자의 용서나 처벌불원 의사가 포함되지 않기 때문에 형량 감경 효과가 제한적일 수 있습니다. 다만, 공탁은 피해 회복을 위한 노력의 일환으로 법원에서 참작될 수 있어, 피해자와의 합의가 어려운 경우 차선책으로 고려될 수 있습니다.

Q : 형사 공탁금이란 무엇인가요?

A : 형사 공탁금은 피고인이 피해자와의 합의에 실패하거나 합의가 어려운 상황에서, 피해 회복 의지와 반성의 태도를 보여 주기 위해 법원에 공탁하는 금전입니다. 이는 형량 감경을 위한 양형 자료로 활용될 수 있습니다.

특히, 피해자의 안전과 사생활 보호를 위해 성범죄 등 특정 사건에서는 피해자의 인적 정보를 몰라도 사건번호 및 피해자 식별 명칭만으로 공탁할 수 있습니다.

Q : 형사 공탁금을 피해자가 수령하지 않으면 어떻게 되나요?

A : 피해자가 공탁금을 수령하지 않더라도 공탁 자체는 유효합니다. 피해자의 수령 여부와 관계없이 법원은 피고인의 피해 회복 노력과 진정성을 양형 판단 시 고려할 수 있습니다. 피해자가 공탁금을 수령하지 않고 "수령 거부" 의사를 명확히 밝혔더라도, 공탁금은 여전히 양형에서 감경 요소로 평가될 수 있습니다.

Q : 공탁금은 재판 기간에만 수령할 수 있나요?

A : 아니요. 형사 공탁금은 피해자가 원하면 재판이 끝난 후에도 수령할 수 있습니다. 다만, 피고인이 무죄 판결을 받는 경우에는 공탁금을 회수할 수 있습니다. 피해자가 공탁금을 수령하면서 "이의 유보" 의사를 명시하면, 공탁금 외에도 추가적인 민사 소송을 통해 손해배상을 청구할 수 있습니다.

Q : 형사 공탁금을 회수할 수 있나요?

A : 일반적으로 형사 공탁금은 회수하기 어렵습니다. 이는 공탁금을 악용하여 감형을 받은 후 다시 회수하려는 가능성을 방지하기 위해서입니다. 그러나 아래와 같은 예외적인 경우에는 공탁금을 회수할 수 있습니다.

- 재판 판결이 확정되기 전에 착오로 납부한 경우
- 피고인이 무죄 판결을 받은 경우
- 피해자가 공탁금 회수에 동의한 경우

다만, 이미 유죄판결이 확정되고 공탁금을 감형 사유로 사용한 경우에는 회수가 불가능합니다.

Q : 피해자가 처벌 감경을 원치 않는다면 어떻게 해야 하나요?

A : 피해자가 공탁금을 받기 원치 않으며, 처벌 감경에도 반대하는 경우에는 공탁금 회수 동의서를 작성하여 법원에 제출할 수 있습니다. 공탁금 회수 동의서는 피해자가 공탁금을 수령하지 않고 피고인의 처벌 감경에 반대한다는 명확한 의사를 나타내는 문서입니다. 추가적으로, 피해자가 엄벌 탄원서를 제출하면 가해자의 처벌을 강력히 요구하는 의사를 법원에 전달할 수 있습니다.

Q : 형사 공탁금은 무조건 감형으로 이어지나요?

A : 형사 공탁금이 양형에 긍정적인 영향을 미칠 가능성은 있지만, 반드시 감형으로 이어지지는 않습니다. 법원은 피해자의 피해 회복 여부, 피해자의 처벌 의사, 공탁금 액수, 피고인의 진정성 등을 종합적으로 고려하여 형량을 결정합니다. 특히, 피해자가 처벌을 강력히 원하거나 공탁금을 거부하는 경우 감형 가능성이 낮아질 수 있습니다.

Q : 피해자가 공탁금을 수령하지 않을 때 피고인이 해야 할 일은 무엇인가요?

A : 피해자가 공탁금을 수령하지 않는 상황에서는 다음과 같은 조치를 고려할 수 있습니다.

- 공탁의 유효성 유지 : 공탁금이 피해자의 수령 여부와 관계없이 법원에서 긍정적으로 평가될 수 있도록 공탁 관련 서류를 충실히 제출합니다.
- 합의 노력 지속 : 피해자와의 추가 합의를 시도하되, 변호사를 통해 적법하고 신중한 방식으로 접근해야 합니다. (2차 가해 방지)
- 법적 조언 받기 : 공탁금 액수나 사건의 특수성에 따라 전략이 달라질 수 있으므로 변호사와 상담하여 최선의 대응 방안을 마련합니다.

Q : 형사 공탁금이 감형에 미치는 효과는 어느 정도인가요?

A : 공탁금은 피해 회복 의지를 보여 주는 자료로 감형 요소로 작용할 수 있지만, 피해자와의 실질적인 합의보다 감형 효과가 낮습니다. 특히, 피해자가 공탁금의 액수를 적다고 판단하거나 수령을 거부한다면 감형 폭이 제한적일 수 있습니다. 따라서 피해자와의 직접 합의가 가장 효과적인 방법이며, 합의가 어려울 경우 공탁금 제도를 보완책으로 활용해야 합니다.

Q : 공무집행방해죄의 경우에도 공무원을 대상으로 한 형사공탁이 가능한가요?

A : 형사공탁의 경우, 「소송절차촉진 등에 관한 특례법」 제25조 제1항에 따른 배상명령의 대상범죄로 제한하자는 논의가 있긴 하지만, 「공탁법」 제5조의2에서는 대상채무를 제한하지 않고 있습니다.

공무집행방해죄와 같이 국가적·사회적 법익에 관한 범죄라고 하더라도, 해당 범죄의 부수적 보호법익까지 고려하여 피해자가 실질적으로 피해 회복을 할 수 있는 경우에는 공탁이 가능하다고 판단됩니다. 현재 실무상 공무집행방해죄에서 피해공무원을 피공탁자로 하여 형사변제공탁이 이루어지고 있는 점 등을 고려할 때, 공무집행방해죄의 피해공무원을 대상으로 한 형사공탁은 가능한 것으로 판단됩니다.

Q : 형사공탁 특례 제도란 무엇이며 도입 취지는 무엇인가요?

A : 기존 형사사건에서 피고인이 피해자와 합의를 위해 변제공탁을 하려면 피해자의 성명, 주민등록번호, 주소 등 피해자의 인적 사항을 알아야 했습니다. 그러나 형사사건에서는 민사사건과 달리 피해자가 범죄피해자라는 특성상 인적 사항을 확인하기 어려운 경우가 많아 피고인이 불법적인 방법으로 피해자의 인적 사항을 알아내거나 피해자를 직접 찾아가 협박 또는 압력을 가하는 2차 피해가 빈번히 발생했습니다.

이러한 문제를 방지하기 위해 형사공탁 특례 제도가 도입되었습니다. 이 제도는 형사사건에서 피고인이 피해자의 인적 사항을 몰라도 공소장에 기재된 피해자를 특정할 수 있는 명칭이나 사건번호를 통해 공탁을 할 수 있도록 허용하는 방식입니다. 이를 통해 피해자의 사생활을 보호하고, 피해 회복을 돕는 동시에 피해자의 인적 사항을 모르는 경우에도 피고인에게 공탁의 기회를 부여하고자 하는 취지가 담겨 있습니다.

Q : 합의금과 공탁금은 어떻게 결정하는 것이 가장 좋은가요?

A : 합의금과 공탁금을 결정할 때는 피해자의 피해 정도와 구체적인 상황을 고려해야 합니다. 일반적으로 다음과 같은 요소들을 고려하여 적정 금액을 설정할 수 있습니다.

1. 피해자의 피해 정도 : 신체적, 정신적, 경제적 피해의 규모가 클수록 더 높은 금액이 적정할 수 있습니다.
2. 피해 복구 노력 : 사건 이후 피고인이 피해 복구를 위해 어떤 노력을 했는지가 중요한 기준이 됩니다. 합의금은 피해자와의 협의를 통해 결정되며, 피해자의 수락 여부에 따라 금액이 조정될 수 있습니다.
3. 관례적인 사례 참고 : 비슷한 사건에서의 합의금 또는 공탁금 사례를 참고하는 것도 유용합니다. 이를 통해 법원에서 인정되는 수준의 적절한 금액을 파악할 수 있습니다.

4. 피고인의 경제적 능력 : 현실적으로 지불 가능한 금액이어야 하며, 지나치게 과도한 금액 설정은 현실적인 문제를 초래할 수 있습니다.
5. 진정성 : 피해자와의 합의가 어려운 경우, 공탁금은 피고인의 진정성을 나타내기 위한 것으로 법원에서 고려될 수 있으므로 금액 설정 시 신중함이 필요합니다.

결론적으로, 합의금과 공탁금은 법적 기준이나 강제된 금액이 존재하지 않기 때문에 피해자의 피해를 충분히 보상할 수 있는 금액이면서도 현실적인 지불 가능성을 갖춘 수준에서 결정하는 것이 바람직합니다. 필요한 경우 변호사의 조언을 받는 것도 도움이 될 수 있습니다.

Q : 성범죄 사건에서 무죄를 주장하는 경우에도 합의를 봐야 하나요?

A : 무죄를 주장하는 경우에도 합의를 시도하는 것은 전략적으로 고려할 수 있습니다. 합의가 이루어졌다고 해서 본인이 유죄임을 인정하는 것은 아니며, 법적 책임을 다투는 것과는 별개로 피해자와의 관계 회복을 위한 노력으로 볼 수 있습니다. 다음과 같은 이유로 무죄 주장을 하는 경우에도 합의를 시도할 수 있습니다.

1. 법정에서의 유리한 양형 요소로 작용 가능 : 비록 무죄를 주장하더라도, 피해자와의 합의를 통해 법원에 진정성을 보이는 노력이 긍정적으로 평가될 수 있습니다. 이는 선고 결과에 영향을 미칠 수 있는 양형 요소로 작용할 수 있습니다.
2. 합의는 법적 책임을 인정하는 것과는 별개 : 합의는 피고인이 유죄임을 인정하는 행위가 아닙니다. 단지 사건으로 인해 발생한 피해를 줄이고 피해자와의 갈등을 해결하려는 일환으로 이루어지는 것입니다.
3. 사회적, 심리적 갈등 해소 : 피해자와의 갈등을 해결하고, 사회적·심리적 부담을 덜기 위해 합의를 선택하는 경우도 있습니다. 이는 재판 외적인 문제를 해결하고 사건을 원만히 마무리하기 위한 방법이 될 수 있습니다.

그러나 무죄를 주장하면서 합의를 시도하는 경우에는 변호사와 상의하여 신중하게 접근하는 것이 중요합니다. 상황에 따라 합의가 재판 전략에 미치는 영향을 고려해야 하므로 법률 전문가의 조언을 받는 것이 좋습니다.

Q : 마약 사건에서 수사 협조 사실 확인서는 양형에 도움이 되나요?

A : 네, 마약 사건에서 수사 협조 사실 확인서는 양형에 도움이 될 수 있습니다. 피고인이 수사에 협조했다는 점은 법원에서 긍정적인 양형 요소로 작용할 수 있으며, 다음과 같은 이유에서 유리하게 고려될 수 있습니다.

1. 범죄 억제와 수사에 기여한 점이 인정될 수 있음 : 피고인이 본인의 사건이나 다른 사건의 수사에 적극 협조하여 수사기관의 활동을 지원한 경우, 이는 사회적으로 긍정적인 역할을 했다고 평가될 수 있습니다.
2. 재범 가능성 감소와 반성의 태도 : 수사 협조는 피고인이 자신의 잘못을 깨닫고 범죄에 대한 책임을 다하고자 하는 의지로 볼 수 있습니다. 이는 반성의 태도로 해석될 수 있으며, 재범 가능성을 줄이는 요인으로 고려될 수 있습니다.

다만, 수사 협조가 양형에 미치는 영향은 법원의 재량에 따라 달라질 수 있으므로, 구체적인 사례와 협조의 정도를 법률 전문가와 함께 검토하는 것이 중요합니다.

Q : 가족의 구치소 접견 횟수나 편지를 주고받은 횟수를 제출하는 것이 양형에 도움이 될까요?

A : 네, 가족의 구치소 접견 횟수나 편지를 주고받은 기록을 제출하는 것은 양형에 긍정적인 영향을 미칠 수 있습니다. 이는 법원이 피고인의 가족 관계와 사회적 연대, 재사회화 의지 등을 평가하는 데 중요한 요소가 될 수 있습니다. 다음과 같은 이유에서 양형에 도움이 될 수 있습니다.

1. 가족의 지지와 재사회화 가능성 : 피고인이 가족의 지지를 받고 있다는 점은 법원에서 피고인의 재사회화 가능성을 높게 평가할 수 있는 요소입니다. 가족과의 지

속적인 접촉은 피고인이 사회로 복귀할 때 건전한 생활을 유지할 가능성을 높인다고 판단될 수 있습니다.
2. 반성과 교화의 노력 : 가족과의 편지나 접견은 피고인이 자신의 잘못을 돌아보고 반성하며, 가족들과의 관계 회복을 위해 노력하고 있다는 것을 보여 줄 수 있습니다. 이는 피고인의 진정성 있는 반성과 교화 의지를 나타내는 증거가 될 수 있습니다.
3. 심리적 안정과 범죄 예방 효과 : 가족과의 접촉은 피고인의 심리적 안정을 돕고, 재범 방지를 위한 중요한 요인으로 작용할 수 있습니다. 법원은 이러한 점을 긍정적으로 평가하여 형량을 감경할 가능성이 있습니다.

다만, 가족과의 접촉이 형식적인 수준이 아니라 진정성 있고 꾸준하게 이루어졌음을 증명할 수 있을 때 더 큰 효과를 볼 수 있으며, 이를 증빙할 때에는 가족 관계에 대한 진솔한 내용을 포함하는 것이 바람직합니다.

Q : 심리상담 소견서가 양형에 도움이 될 수 있을까요?

A : 심리상담 소견서는 피고인의 정신적 상태, 범행의 원인, 반성과 교화의 가능성 등에 대한 전문가의 의견을 담고 있어 다음과 같은 방식으로 법원의 양형에 중요한 참고 자료가 될 수 있습니다.

1. 피고인의 정신적 상태에 대한 이해 : 심리상담 소견서는 피고인이 범죄 당시나 현재의 정신적 상태를 이해하고 설명하는 데 도움을 줍니다. 피고인이 심리적 스트레스, 충동 조절 문제, 우울증 등으로 인해 범행에 이르게 된 경위를 설명할 수 있다면, 이는 법원이 형량을 감경하는 데 참작하는 요소가 될 수 있습니다.
2. 재사회화 가능성 평가 : 상담 소견서에는 피고인의 재사회화 가능성과 변화 의지, 치료와 교화를 위한 노력 등이 포함될 수 있습니다. 피고인이 상담을 통해 자신의 잘못을 뉘우치고, 다시는 범행을 저지르지 않기 위해 심리적으로 노력하고 있다는 점은 법원에서 긍정적으로 평가될 수 있습니다.
3. 진정한 반성의 증거 : 피고인이 상담을 통해 자신의 문제점을 직면하고 교정하려

는 태도를 보이고 있다는 점은 법원에서 반성과 재범 방지 노력을 보여 주는 증거로 받아들여질 수 있습니다. 이는 피고인이 단순히 처벌을 피하려는 것이 아닌, 실질적으로 변화하려는 의지를 나타내는 것으로 법원이 인식할 가능성이 큽니다.

따라서, 심리상담 소견서를 제출하는 것은 피고인의 진정성을 나타내고 교화를 위한 노력을 보여 주는 유효한 방법 중 하나로, 양형에 긍정적인 영향을 미칠 수 있습니다. 다만, 소견서의 내용이 진정성과 구체성을 바탕으로 해야 한다는 점이 중요합니다.

Q : 성범죄 재범위험성 평가는 무엇이며 어떤 평가도구가 사용되나요?

A : 성범죄 재범위험성 평가는 성범죄자가 다시 범죄를 저지를 가능성을 객관적으로 평가하는 과정입니다. 이 평가는 전자발찌 부착, 보호관찰 명령, 치료 프로그램 참여 등 부가 처분을 결정하는 데 중요한 자료로 사용됩니다. 주요 도구는 성범죄자 위험성 평가 척도(K-SORAS)인데, 이로써 성범죄자의 과거 행적, 심리적 요인, 환경적 요인을 바탕으로 재범 가능성을 점수화해 고위험군, 중위험군, 저위험군으로 분류합니다. K-SORAS는 2009년 도입된 도구로, 정적 요인(과거 성범죄 기록, 범죄 수법, 피해자 특성)과 동적 요인(현재의 심리적·사회적 상태·성도착증, 반사회적 성격장애, 약물 사용 여부) 그리고 환경적 요인(사회적 지지 체계, 재범 유발 환경 존재 여부)이 평가되며 검사가 법원에 보호관찰 명령이나 전자발찌 부착 명령 등을 청구할 때 K-SORAS 평가 결과를 증빙 자료로 제출합니다. 이 자료는 법원이 적절한 부가 처분을 결정하는 데 중요한 근거로 활용됩니다.

Q : 구치소에 수감 중인 사람도 심리검사나 심리상담을 받을 수 있나요? 이에 따른 심리상담 소견서도 받을 수 있나요?

A : 네, 가능합니다. 구치소에 수감 중인 사람도 심리검사 및 심리상담을 받을 수 있습니다. 한국중독연구교육원에서는 수감자를 대상으로 심리검사(성범죄 재범위험성 종합 심리평가)와 심리상담 서비스를 제공하며, 의뢰인의 요청에 따라 그 결

과를 법원에 심리상담 소견서를 제출합니다. 이 소견서는 법원에 제출되어 양형에 긍정적인 영향을 미칠 수 있습니다. 자세한 내용은 한국중독연구교육원 홈페이지에 게시되어 있으며 전화로 문의하실 수 있습니다.

- 한국중독연구교육원 홈페이지 : https://jhaa.co.kr
- 전화번호: 031-8054-8641

Q : 탄원서나 반성문은 얼마나 자주 작성해야 하나요?

A : 탄원서와 반성문은 내용의 진정성과 성실한 반성의 표현이 가장 중요합니다. 제출 빈도보다는 질이 더 중요하므로 단순히 자주 작성하는 것이 반드시 효과적인 것은 아닙니다. 반성문은 자신의 잘못에 대해 깊이 반성하고, 개선 의지를 구체적으로 담아내는 것이 핵심입니다. 탄원서는 가족이나 지인들이 피고인을 위해 작성할 수 있으며, 진정성과 신뢰를 강조하는 내용으로 작성하는 것이 바람직합니다. 법원에 제출할 때는 필요에 따라 적절한 시점에 제출하는 것이 좋으며, 변호사와 상담하여 구체적인 제출 빈도를 조율하는 것이 효과적입니다.

Q : 탄원서를 제출하는 가장 좋은 시점은 언제인가요?

A : 탄원서를 제출하는 시점은 재판에서 중요한 영향을 미칠 수 있습니다. 일반적으로 탄원서는 재판이 시작되기 전이나, 공판 절차가 진행되는 동안 판사의 판단에 영향을 줄 수 있도록 적절한 시점에 제출하는 것이 좋습니다. 특히 선고 전 공판기일이나 최후 변론을 앞두고 제출하는 것이 효과적일 수 있습니다. 이는 피고인의 반성과 갱생 의지를 판사에게 강조할 수 있는 중요한 기회이기 때문입니다. 구체적인 제출 시점에 대해서는 담당 변호사와 상의하여 재판 진행 상황에 맞게 조율하는 것이 바람직합니다.

Q : 사회의 높은 지위에 있는 사람이나 종교인에게 탄원서를 받는 것이 도움이 될까요?

A : 사회적 지위가 높은 사람이나 종교인이 작성한 탄원서는 때로는 법원에서 긍정적으로 고려될 수 있습니다. 이러한 탄원서는 피고인의 인격이나 평소 행실에 대한 신뢰를 나타내고, 사회적 복귀에 대한 지지를 표현하는 경우 양형에 도움이 될 수 있습니다. 다만, 탄원서의 내용이 단순히 지위나 명망에 기대어 작성된 것이 아니라, 피고인의 진정성 있는 반성과 개선 의지를 구체적으로 다루어야 효과가 높아질 수 있습니다. 법원은 내용의 진정성과 구체성을 중시하므로, 피고인과의 관계나 그간의 행적, 사회적 기여 등을 구체적으로 서술한 탄원서가 더 큰 영향을 미칠 수 있습니다.

Q : 구치소에서의 생활 태도와 행실이 양형에 영향을 미칠 수 있을까요?

A : 네, 구치소에서의 생활 태도와 행실은 양형에 영향을 미칠 수 있습니다. 법원은 피고인의 구치소 생활 중 태도, 규율 준수 여부, 성실한 반성 및 재사회화를 위한 노력 등을 중요하게 고려할 수 있습니다. 구치소 내에서 모범적인 행실을 보이며, 다양한 교정 프로그램에 적극적으로 참여하거나 반성하는 태도를 보이는 경우, 이를 증명하는 자료(예. 모범수 수료증, 교정기관의 평가 등)를 통해 양형에서 긍정적인 평가를 받을 수 있습니다. 이는 피고인이 사회로 복귀했을 때 재범 가능성이 낮고, 개선된 태도를 보일 것이라는 점을 보여 줄 수 있기 때문입니다.

Q : 구치소에서 징벌을 받으면 법원으로 양형 참고 자료로 증거가 제출되어 양형에 영향을 미치나요?

A : 네, 구치소에서 징벌을 받게 되면 해당 사실이 양형 참고 자료로 법원에 제출될 수 있습니다. 이는 피고인의 구치소 내 행동과 규율 준수 여부를 평가하기 위한 중요한 자료로 사용됩니다. 법원은 피고인의 반성과 갱생 가능성을 판단할 때 구치소 내 생활 태도를 고려하며, 징벌 기록이 있는 경우 이는 부정적인 양형 요소로 작용할 가능성이 높습니다. 따라서 구치소 내에서 규율을 잘 준수하고 모범적인 생활을 유지하는 것이 매우 중요합니다.

제10장
탄원서·반성문·최후진술서 등 작성 요령

양형은 법에 명시된 규칙과 기준을 따르지만, 사건별로 상황이 다르기 때문에 그 적용 방식도 달라질 수 있습니다. 법원은 사건의 구체적인 사실을 면밀히 검토하고, 형량을 무겁게 하거나 가볍게 할 수 있는 다양한 요소를 종합적으로 고려해 결정을 내립니다.

이 장에서는 탄원서, 반성문, 최후진술서와 같은 문서 작성 요령을 설명하며, 이를 통해 양형 결정에 영향을 미칠 수 있는 요소들을 다룹니다. 또한 실제 사례를 통해 양형 기준이 어떻게 적용되고, 그 한계는 무엇인지에 대해 알기 쉽게 설명합니다.

탄원서 작성 요령

탄원서는 피고인에 대한 선처를 부탁하거나 형량을 줄여 달라고 법원에 요청하는 문서입니다. 주로 가족, 친구, 직장 동료 등이 작성할 수 있습니다.

1. 작성자의 신분 명시

탄원서를 쓰는 사람이 누구인지 정확히 밝혀야 합니다. 작성자의 이름, 나이, 직업, 그리고 피고인과의 관계를 구체적으로 적어야 합니다. 이렇게 하면 탄원서가 더 신뢰감을 줄 수 있습니다.

예시) 저는 현재 □□□(직업)을 하고 있는 ◇◇세의 ○○○입니다. 피고인 △△△와는 15년간 친구로 지내며, 서로의 가정을 잘 알고 지내 온 사이입니다. 제가 피고인을 오래 알고 지내며 느낀 그의 인간적인 모습과 지금의 상황을 법원에 전하고자 이 탄원서를 작성하게 되었습니다.

2. 피고인의 긍정적인 면 강조
　피고인이 평소 얼마나 성실하게 살아왔는지, 가족과의 관계는 어떤지, 직장에서의 평가나 사회생활에서 긍정적인 모습을 보여 줬던 사례 등을 구체적으로 설명하는 것이 좋습니다.

예시) 피고인 ○○○는 평소 성실하고 책임감이 강한 사람입니다. 본인이 운영하는 작은 가게를 통해 가족을 부양하며 어려운 환경 속에서도 꿋꿋이 살아왔습니다. 주변 사람들에게 항상 따뜻하고 배려심 있는 모습으로 대하며, 본인의 일뿐만 아니라 이웃의 일에도 관심을 갖고 돕는 성격입니다. 저 역시 어려운 일이 있을 때마다 ○○○의 도움을 받은 경험이 있습니다. 이번 사건이 발생했을 때, 저는 평소 그를 아는 사람으로서 큰 충격을 받았습니다. 이는 그의 평소의 모습과 전혀 다른 행동이었으며, 저를 포함한 주변 사람들에게도 매우 이례적인 일입니다. 피고인은 사건 이후 깊이 반성하고 있으며, 스스로 잘못을 바로잡기 위해 노력하고 있습니다.

3. 진정성 있는 호소
　단순히 '형을 줄여 달라'는 말보다는, 피고인이 반성하고 있고 앞으로 사회에 도움이 될 수 있는 기회를 주길 바란다는 진정성 있는 내용을 담아야 합니다. 진심이 느껴지는 호소가 중요한 포인트입니다.

> 예시) 저는 피고인이 이번 사건을 통해 자신의 잘못을 진지하게 받아들이고 크게 반성하고 있음을 알고 있습니다. 스스로 반성문을 쓰고, 재발 방지를 위해 구체적인 계획을 세우고 노력하고 있습니다. 이번 사건이 피고인에게 큰 깨달음을 준 만큼, 한 번만 선처를 베풀어 주신다면 앞으로는 법을 철저히 지키며 책임감 있는 삶을 살 것이라 확신합니다. 피고인은 가족과 함께 살아가며 사회에 기여할 의지와 능력이 충분한 사람입니다. 재판부께서 선처해 주신다면, 더욱 성실하고 책임감 있는 모습으로 다시 사회에 기여할 기회를 얻을 수 있을 것입니다.

반성문 작성 요령

반성문은 피고인이 자신의 잘못을 인정하고 깊이 반성한다는 내용을 담아 법원에 제출하는 문서입니다.

1. 사건의 책임 인정
자신의 잘못을 분명히 인정하고 변명하거나 다른 사람에게 책임을 돌리지 않아야 합니다. 진심으로 반성하는 태도가 중요합니다.

> 예시) 저는 음주운전을 한 피고인 ○○○입니다. 이번 사건은 전적으로 제 잘못이며, 제 부주의와 무책임한 행동이 불러온 결과임을 깊이 반성하고 있습니다. 제가 저지른 행동은 피해자뿐만 아니라 사회에 큰 위협을 초래한 범죄라는 사실을 인정합니다. 변명의 여지가 없으며, 모든 책임은 오로지 저에게 있습니다.

2. 피해자에 대한 사과

피해자가 있는 경우, 피해자에게 진심으로 사과하고 피해를 회복하기 위해 최선을 다하겠다는 의지를 표현해야 합니다.

> 예시) 제 행동으로 인해 피해자께 큰 상처와 고통을 드린 점에 대해 진심으로 사죄드립니다. 제가 저지른 잘못으로 인해 피해자께서 겪으셨을 정신적, 육체적 고통을 떠올릴수록 죄책감과 부끄러움이 큽니다. 저는 피해 회복을 위해 피해자께서 원하시는 방법으로 최선을 다할 것을 약속드립니다. 제 진심 어린 사과가 피해자께 닿아 조금이라도 위로가 될 수 있기를 간절히 바랍니다.

3. 재발 방지 노력

같은 잘못을 다시 저지르지 않기 위해 어떤 노력을 하고 있는지 설명합니다. 예를 들어, 재활 프로그램에 참여하고 있다거나 심리상담을 받고 있다는 사실을 구체적으로 적으면 좋습니다.

> 예시) 이번 사건을 계기로 저는 저의 잘못된 사고방식과 행동을 바로잡기 위해 노력하고 있습니다. 현재 음주운전 예방 교육 프로그램에 참여하며, 음주가 자신과 타인에게 얼마나 큰 위험을 초래하는지 깨닫고 있습니다. 또한, 음주를 줄이고 스스로를 통제하기 위해 심리상담을 받고 있으며, 앞으로도 꾸준히 이러한 프로그램에 참여할 계획입니다. 다시는 같은 잘못을 저지르지 않기 위해 매 순간 경각심을 가지고 생활하겠습니다.

최후진술서 작성 요령

최후진술서는 재판의 마지막 단계에서 피고인이 자신의 생각과 입장을 직접 말하는 기회입니다. 서면으로 제출하거나 재판에서 직접 진술할 수 있습니다.

1. 진심 어린 반성 표현

자신의 잘못을 진심으로 반성하고 있다는 점을 강조합니다. 변명하지 말고 잘못에 대한 책임을 인정하는 태도가 중요합니다.

> 예시) 존경하는 재판장님, 저는 이번 사건을 통해 저의 잘못된 행동이 얼마나 큰 결과를 초래했는지 뼈저리게 깨달았습니다. 제가 저지른 행동은 피해자에게 큰 상처와 고통을 안겼을 뿐 아니라, 사회적으로도 용납될 수 없는 잘못이었습니다. 저는 그동안 이 사건을 돌아보며 피해자께서 겪으셨을 아픔과 고통을 깊이 생각해 보았고, 제 자신이 얼마나 무책임하고 부족했는지 철저히 반성하고 있습니다.

2. 재판부에 대한 감사의 표현

공정하게 재판을 진행해 준 재판부에게 감사의 마음을 전하면 좋습니다. 이는 진정성 있는 반성의 태도로 비칠 수 있습니다.

> 예시) 이 자리를 빌려 공정하고 세심하게 재판을 진행해 주신 재판장님께 진심으로 감사드립니다. 재판 과정을 통해 제가 저지른 행동의 심각성을 다시금 깨닫고, 제 자신을 돌아볼 수 있는 소중한 기회를 얻을 수 있었습니다.

3. 사회로 복귀하고자 하는 의지

재판 후 다시 사회로 나아가 성실하게 살겠다는 다짐을 구체적으로 설명해야 합니다. 예를 들어, 직업을 구하거나 가족을 위해 책임감 있게 살겠다는 계획을 언급하면 긍정적인 평가를 받을 수 있습니다.

> 예시) 이번 사건을 계기로 저는 과거의 잘못된 행동을 철저히 반성하고, 앞으로 다시는 같은 잘못을 저지르지 않을 것을 약속드립니다. 저에게 이번 사건은 인생의 전환점이자, 다시는 과거로 돌아가지 않겠다는 다짐을 새롭게 다지는 계기가 되었습니다. 앞으로는 정직하고 성실하게 살아가며, 제가 속한 사회와 주변 사람들에게 신뢰를 줄 수 있는 사람이 되겠습니다. 저의 다짐이 말로만 그치지 않도록 행동으로 실천하며 살아가겠습니다.

작성 시 주의할 점

1. 거짓이나 과장은 금물

진실하고 진정성 있는 내용이 중요합니다. 거짓말이나 과장된 표현은 신뢰를 잃게 할 수 있습니다.

2. 구체적인 사례 제시

단순히 반성한다고 말하기보다는 구체적인 행동과 노력을 언급해야 합니다. 예를 들어, '재활 프로그램에 참여했다'거나 '피해자에게 사과를 드렸다'는 식으로 표현하면 좋습니다.

3. 간결하고 명확한 표현

글이 너무 길거나 복잡하면 전달이 어려워질 수 있습니다. 핵심만 간결하고 명확하게 적는 것이 중요합니다.

재범 방지 실천 서약서 작성 요령

1. 재범 방지 서약서의 필요성

재범 방지 서약서는 피고인이 자신의 잘못을 진심으로 인정하고 다시는 같은 잘못을 저지르지 않겠다는 강한 의지를 보여 주는 중요한 문서입니다. 이는 단순히 형량 감경을 위한 것이 아니라, 갱생 가능성과 진정성을 법원에 전달하는 역할을 합니다.

2. 법원에서의 긍정적 평가 요소

재범 방지 서약서는 피고인의 반성과 더불어 재범 가능성을 낮추고, 사회에 복귀하고자 하는 구체적 의지를 나타내므로 긍정적 평가를 받을 수 있습니다.

3. 재범 방지 서약서 작성 요령

재범 방지 서약서는 진정성과 구체성이 가장 중요한 요소입니다. 다음은 작성 시 유의해야 할 사항입니다.

① 잘못에 대한 명확한 인정

자신이 저지른 범죄에 대해 솔직히 인정하고 변명하지 않는 태도를 보여야 합니다.

예시) "저는 제가 저지른 행동이 법적으로나 도덕적으로 잘못된 일임을 깊이 인정합니다. 이로 인해 피해자와 사회에 큰 고통을 드린 점을 진심으로 반성합니다."

② 구체적인 재발 방지 계획 서술

'다시는 하지 않겠다'는 추상적인 말 대신 구체적인 실천 계획을 적어야 합니다.

예시) "저는 앞으로 심리상담을 받으며 제 행동의 원인을 분석하고 개선하겠습니다. 또한 지역 사회 봉사 활동에 참여해 사회에 보탬이 되는 사람이 되겠습니다."

③ 피해자와 사회에 대한 사과와 책임 의식 표명

피해자에 대한 진심 어린 사과와 더불어 피해 복구 의지를 보여야 합니다.

예시) "저는 피해자와 그 가족에게 진심으로 사과드리며, 피해를 복구하기 위해 최선을 다하겠습니다. 이와 함께 사회에 대한 책임을 무겁게 받아들이고 신뢰를 회복하기 위해 노력하겠습니다."

④ 진정성을 담은 다짐과 서약

재발 방지를 엄숙히 약속하고, 이를 어길 경우 법적 책임도 감수하겠다는 의지를 밝힙니다.

예시) "저는 이 서약을 통해 다시는 같은 잘못을 저지르지 않을 것을 맹세하며, 만약 이를 어길 경우 모든 법적 책임을 감수하겠습니다."

4. 재범 방지 서약서 작성 시 피해야 할 점

① 진정성 없는 표현

형식적이고 진부한 내용은 피해야 합니다. 구체적이고 진실한 내용을 담아야 진정성이 전달됩니다.

② 책임 회피 또는 변명

자신의 잘못을 환경이나 다른 사람의 탓으로 돌리면 반성의 진정성이 의심받을 수 있습니다.

③ 구체성 없는 다짐

"노력하겠다", "잘하겠다"와 같은 추상적인 표현 대신 실행 가능한 계획을 명확하게 작성해야 합니다.

5. 재범 방지 서약서의 효과적인 구성

① 서두 : 자신의 잘못에 대한 인정과 책임
  예시) "저는 제 잘못된 행동으로 많은 사람에게 피해를 끼쳤으며, 이 점을 깊이 반성하고 있습니다."

② 본문 : 피해자와 사회에 대한 사과, 재발 방지를 위한 구체적 계획
  예시) "저는 주기적으로 심리상담을 받고 재활 프로그램에 참여할 것입니다. 또한 사회봉사 활동을 통해 책임감을 배우고 신뢰를 회복하겠습니다."

③ 결론: 다짐과 호소
  예시) "저는 다시는 이러한 잘못을 반복하지 않을 것이며, 이를 지키지 못할 경우 그에 대한 모든 책임을 감수하겠습니다."

재범 방지 서약서는 피고인의 진정성과 재활 의지를 법원에 보여 주는 중요한 문서입니다. 이를 통해 반성과 다짐이 잘 전달될 수 있도록 솔직하고 구체적인 내용을 작성하는 것이 중요합니다.

재범 방지 실천 서약서 예시

본인은 [본인의 이름]으로, [사건 내용 간략히 기재]로 인해 법적 처벌을 받게 된 점에 대해 깊이 반성하고 있습니다. 본인은 본 범행에 대한 책임을 온전히 인정하며, 앞으로 같은 잘못을 반복하지 않겠다는 강한 의지를 가지고 다음과 같이 서약합니다.

1. 법을 준수하며 올바른 삶을 살겠습니다.

모든 상황에서 법과 윤리를 준수하며, 어떠한 경우에도 타인과 사회에 해를 끼치는 행동을 하지 않겠습니다.

2. 재발 방지를 위한 실천 계획을 이행하겠습니다.

본인의 행동을 반성하며, 이를 바탕으로 앞으로 재범을 방지하기 위한 실천 계획을 철저히 준수하겠습니다.

3. 피해자와 사회에 대한 책임을 다하겠습니다.

피해자에게 진심으로 사과하며, 가능한 모든 방법으로 피해 복구를 위해 노력하겠습니다. 또한, 사회의 일원으로서 선량한 시민으로 살아가겠습니다.

4. 심리적 회복과 재활에 전념하겠습니다.

재범 방지를 위해 심리상담, 재활 프로그램 등 필요한 모든 과정을 성실히 이수하겠습니다.

본인은 위 서약을 성실히 이행하며, 이를 어길 경우 법적 책임을 감수할 것을 엄숙히 맹세합니다.

2025년   월   일

서약자 : [본인의 이름]

법원에 제출할 독후감을 작성하는 요령

법원에 제출할 독후감은 단순히 책의 내용을 요약하는 글이 아니라, 피고인의 깊은 반성과 변화 의지를 진정성 있게 전달하는 것이 중요합니다. 독후감 작성 시 아래의 요령을 참고하면 효과적인 글을 작성할 수 있습니다.

1. 책 선택

범죄의 성격과 관련된 책을 선택하는 것이 중요합니다. 예를 들어, 음주운전, 성범죄, 폭력 등 사건의 성격에 맞는 책을 선정해야 합니다. 자신이 저지른 행동에 대한 반성과 개선 방향을 배울 수 있는 책이어야 하며, 책의 내용이 본인의 경험과 연관될 수 있어야 합니다.

2. 구조와 내용 구성

① 도입부 : 범죄에 대한 반성과 독후감 작성 배경

독후감의 시작은 자신이 저지른 범죄에 대한 인정과 반성으로 시작해야 합니다. 사건이 피해자와 사회에 어떤 영향을 끼쳤는지를 고민한 흔적을 드러내야 하며, 책을 읽게 된 계기를 자연스럽게 연결해야 합니다. 변호사의 권유나 자신의 자발적인 선택으로 책을 읽게 된 배경을 간단하게 서술하면 됩니다.

> 예시) 저는 ◇◇ 범죄로 인해 재판을 받고 있는 ○○○입니다. 제가 저지른 잘못은 피해자께 큰 상처를 드렸으며, 사회적으로도 용납될 수 없는 행동임을 깨달았습니다. 저의 잘못된 행동으로 인해 피해자가 겪으셨을 고통을 생각하면 죄책감과 부끄러움이 큽니다. 이번 사건을 계기로 진지하게 저 자신을 돌아보아야 한다고 느꼈고, 변호인의 권유로 이 책을 읽으며 반성과 교훈의 시간을 가졌습니다.

② 본론 : 책의 주요 내용 요약 및 느낀 점

　본론에서는 책의 핵심 내용을 간략히 요약하면서, 자신이 특히 주목한 부분과 느낀 점을 중점적으로 서술해야 합니다. 책의 모든 내용을 설명하기보다는, 자신의 행동과 관련 깊은 부분을 선택해 그 부분이 자신의 잘못을 깨닫는 데 어떤 영향을 주었는지 적는 것이 좋습니다. 책이 자신의 사고방식과 행동에 어떤 변화를 가져왔는지, 피해자의 관점에서 어떤 새로운 깨달음을 얻었는지를 구체적으로 서술해야 합니다.

> 예시) 이 책은 음주가 단순히 개인적인 기호나 습관의 문제가 아니라, 사회적 문제와 결합될 경우 얼마나 큰 해악을 끼칠 수 있는지를 다루고 있습니다. 특히 음주운전이 단순한 실수가 아니라, 무책임한 사고방식과 사회적으로 잘못된 관습에서 비롯된다는 점을 강조한 내용이 인상 깊었습니다. 저는 이 책을 통해 저의 사고방식에 깊이 뿌리박힌 잘못된 믿음을 깨닫게 되었습니다. 술을 조금만 마시면 괜찮다는 생각, 모임에서 술을 마시지 않으면 어색하다는 인식 등이 음주를 정당화하는 큰 착각이었음을 반성하게 되었습니다.

　자신의 경험과 책의 내용을 연결하며, 피해자의 고통과 피해를 어떻게 새롭게 인식하게 되었는지 서술하는 것도 중요합니다.

> 예시) 책에서 음주운전으로 인해 발생한 사건의 사례를 읽으며, 제가 했던 행동이 얼마나 큰 위험을 초래할 수 있었는지 깨달았습니다. 제가 저지른 행동은 단순한 실수가 아니며, 제 잘못된 판단과 무책임한 선택이 낳은 결과였습니다. 또한, 피해자의 입장에서 보았을 때 저의 행동이 얼마나 무책임하고 잔인했는지를 새롭게 알게 되었습니다.

③ 결론 : 배운 점과 변화의 다짐

결론에서는 책을 통해 얻은 교훈과 앞으로 자신의 행동을 바꿔 나갈 계획을 구체적으로 서술해야 합니다. 막연한 반성보다는, 앞으로 어떤 교육 프로그램에 참여하거나 어떤 생활 습관을 개선할 것인지 명확히 다짐해야 합니다. 또한, 독후감을 제출하는 목적이 단순히 형량을 줄이기 위함이 아니라는 점을 분명히 해야 합니다.

> 예시) 이 책을 통해 저는 술이 단순한 기호품이 아니라, 자칫하면 타인과 자신에게 심각한 피해를 줄 수 있는 위험 요소임을 깨달았습니다. 앞으로 술에 의존하지 않는 생활을 실천하고, 음주운전 예방 교육과 상담 프로그램에 성실히 참여할 계획입니다. 또한, 주변 사람들과 함께 음주의 해악을 나누며 저처럼 잘못된 행동을 하지 않도록 알리는 데 힘쓰겠습니다. 피해자께 진심으로 사죄드리며, 저의 잘못된 행동으로 인해 발생한 고통을 평생 반성하며 살겠습니다. 이번 독후감 작성이 제 죄를 덜기 위한 행위가 아니라, 저의 뼈저린 반성과 진정한 변화를 위한 시작임을 알아주셨으면 합니다.

3. 작성 시 유의 사항

① 진정성을 유지하며 변명하지 않기

법원에 제출할 독후감은 피고인의 진정성 있는 태도를 보여 주는 글이어야 합니다. 자신의 잘못을 정당화하거나 사건의 책임을 회피하려는 뉘앙스는 피해야 하며, 오히려 자신의 책임을 철저히 인정하는 태도가 중요합니다.

② 피해자 관점을 중시하기

독후감에서는 자신의 범죄로 인해 피해자가 입었을 고통과 피해를 충분히 인식했음을 보여 주는 것이 중요합니다. 피해자가 느꼈을 감정과 고통을 상상하고, 그에 대해 진심으로 사죄하는 태도를 드러내야 합니다.

③ 구체적인 행동 계획 제시

책에서 얻은 교훈을 바탕으로 자신의 행동을 바꿀 구체적인 계획을 제시해야 합니다. 이는 음주운전 예방 교육, 성인지 교육 이수, 심리상담 참여 등으로 표현할 수 있습니다.

4. 추가적인 조언

법원 제출용 독후감은 단순히 책을 읽고 작성한 글이 아니라, 자신의 잘못을 돌아보고, 변화 의지를 보여 주는 중요한 자료입니다. 자신의 잘못을 깊이 반성하고, 피해자와 사회에 대한 책임감을 담아 진솔하게 작성하는 것이 가장 중요합니다.

제11장
탄원서·반성문 예시(죄명별)

이 장에서는 피고인과 그 가족이 탄원서나 반성문을 작성할 때 참고할 수 있는 구체적인 예시와 방향을 제시합니다. 탄원서와 반성문은 각각 법적 절차에서 중요한 역할을 하며, 재판부의 판단과 양형 결정에 긍정적인 영향을 미칠 수 있는 자료가 됩니다.

탄원서는 주로 피고인의 가족, 지인, 또는 주변인이 작성하여 피고인의 인격과 상황을 설명하고 선처를 호소하는 내용을 담습니다. 반면, 반성문은 피고인이 직접 작성하며 자신의 잘못에 대한 깊은 반성과 재발 방지 의지를 표현하는 문서입니다.

이 두 문서를 작성할 때는 단순히 예시를 모방하기보다는 본인의 상황과 진정성을 진솔하게 담아야 합니다. 이를 통해 재판부에 신뢰를 주고, 피고인의 태도와 개선 가능성을 효과적으로 전달함으로써 보다 나은 양형을 받을 가능성을 높일 수 있습니다.

폭행죄에 대한 탄원서 예시

• 탄원인 : 배우자

존경하는 재판장님께.

　저는 이번 사건과 관련하여 피고인 ○○○의 배우자인 △△△입니다. 사건의 경위와 결과를 접하고, 남편(아내)이 이번 일로 인해 피해자분께 큰 고통을 끼친 점에 대해 배우자로서 진심으로 사죄의 말씀을 전합니다. 또한, 저의 가족이 사회적으로 물의를 일으키고 법의 심판을 받게 된 것에 대해 깊이 반성하고 있습니다.

　사건 이후 우리 가정은 큰 충격과 슬픔 속에서 하루하루를 보내고 있습니다. 남편(아내)은 이번 일을 통해 자신의 잘못을 철저히 인식하고 깊은 자책과 반성의 시간을 보내고 있습니다. 특히 피해자분께 큰 상처를 드렸다는 점에서 끊임없는 죄책감을 느끼며, 피해 회복을 위해 최선을 다하겠다는 다짐을 저에게도 여러 차례 전했습니다.

　남편(아내)은 출소 후에는 이번 사건을 통해 깨달은 점을 바탕으로 다시는 같은 잘못을 반복하지 않도록 심리상담과 분노 조절 프로그램을 받을 계획입니다. 이를 통해 감정을 잘 다스리고 사회적으로 성숙한 행동을 할 수 있는 법을 배우며, 피해자분께 진심으로 보답할 수 있는 방법을 찾겠다고 다짐하고 있습니다. 배우자로서 저 또한 적극적으로 도와 남편(아내)이 올바른 길로 나아갈 수 있도록 최선을 다하겠습니다.

　재판장님, 저는 남편(아내)이 이번 사건을 계기로 더욱 성숙한 사람으로 거듭날 수 있도록 가족의 일원으로서 지속적인 지지와 관리를 약속드립니다. 또한, 이번 사건으로 인해 피해자분께 씻을 수 없는 상처를 남긴 점에 대해 배우자로서도 책임감을 느끼며, 피해자분께 다시 한번 깊은 사죄의 말씀을 전하고 싶습니다.

이번 일은 우리 가족 모두에게 큰 교훈이 되었으며, 남편(아내)이 이번 사건을 교훈 삼아 다시는 법을 어기는 일이 없도록 옆에서 끊임없이 돕고 지도하겠습니다. 재판장님께서 우리 가족의 진심 어린 반성과 노력, 그리고 남편(아내)의 앞으로의 변화를 위한 의지를 감안하여 선처를 베풀어 주신다면, 저희는 더 나은 가정을 이루며 피해자분께 진심으로 보답할 수 있도록 노력하겠습니다.

끝으로, 다시 한번 피해자분께 깊이 사죄드리며, 남편(아내)이 더는 잘못된 길로 가지 않도록 성실히 살아갈 것을 약속드립니다.

감사합니다.

2025년   월   일

피고인의 배우자 △△△ 드림

음주운전 대한 탄원서 예시

• 탄원인 : 배우자(아내)

저는 이번 음주운전 사건과 관련하여 피고인 ○○○의 아내입니다. 남편이 이번 사건으로 인해 피해자분과 가족, 그리고 사회에 큰 고통과 불안을 끼쳤다는 사실에 대해 아내로서 깊은 책임감을 느끼며, 피해자분들께 진심으로 사죄의 말씀을 드립니다. 남편의 잘못된 행동으로 인해 이 글을 올리게 된 것에 대해 참담하고 부끄러운 마음을 금할 수 없습니다.

남편은 이번 음주운전 사건 이후 자신의 행동이 얼마나 위험하고 무책임했는지 깊이 깨닫고 있습니다. 음주운전은 단순한 실수가 아니라, 자신과 타인의 생명과 안전을 심각하게 위협하는 중대한 범죄라는 사실을 뼈저리게 반성하며 자책하고 있습니다. 남편은 음주 상태에서 운전대를 잡은 자신의 행동이 얼마나 큰 잘못이었는지 후회하며, 다시는 이런 일이 없도록 강하게 다짐하고 있습니다. 저 또한 배우자로서 음주운전의 심각성을 절실히 깨달았으며, 가정 차원에서 남편이 변화할 수 있도록 모든 노력을 다할 것을 약속드립니다.

남편은 이번 사건을 계기로 자신의 음주 문제를 근본적으로 해결하기 위해 단주를 목표로 한 노력을 시작했습니다. 현재 술을 끊기 위해 스스로 절제하며 새로운 생활 습관을 만들어 가고 있으며, 출소 후에는 단주를 위한 상담 프로그램과 음주운전 예방 교육에 적극 참여할 계획입니다. 또한, 음주 상황에서는 절대 운전을 하지 않겠다는 원칙을 세웠고, 대중교통 이용이나 운전자 고용을 통해 안전한 환경을 구축할 것을 저와 가족들에게 약속했습니다. 저 또한 남편의 단주와 새로운 생활을 돕기 위해 적극적으로 지원하겠습니다.

남편은 피해자분들께 끼친 고통에 대해 깊이 사죄하고 있으며, 피해 회복을 위해 할 수 있는 모든 노력을 다하고자 합니다. 이번 사건이 남편에게는 큰 깨달음과 교훈이 되었으며, 이를 계기로 더 성숙하고 책임감 있는 사람으로 거듭날 수 있도록 옆에서 돕겠습니다. 우리 가정은 이번 사건을 통해 음주와 관련된 문제를 완전히 바로잡고, 다시는 이러한 실수를 반복하지 않도록 최선을 다할 것입니다.

재판장님, 남편의 진심 어린 반성과 앞으로의 변화를 위한 의지를 헤아려 주시어 선처를 베풀어 주신다면, 저희는 이 믿음에 보답할 수 있도록 더 나은 가정을 이루며 피해자분들께 진심으로 보답할 방법을 모색하며 살아가겠습니다.

끝으로, 이번 사건으로 인해 피해를 입으신 모든 분들께 다시 한번 진심으로 머리 숙여 사죄드립니다. 남편이 이번 사건을 평생의 교훈으로 삼아 다시는 이런 잘못을 반복하지 않고 살아갈 수 있도록 간곡히 부탁드립니다.

2025년   월   일

피고인의 배우자 △△△ 드림

사기죄 대한 탄원서 예시

• 탄원인 : 피고인의 엄마

안녕하세요. 저는 이번 사건으로 법정에 서게 된 피고인 ○○○의 엄마입니다. 올해 75세로, 이 나이에 이런 글을 올리게 된 것이 너무도 가슴 아프고 부끄럽습니다. 제 아들이 큰 잘못을 저질러 피해자분들께 피해를 드렸다는 사실에 엄마로서 참으로 죄송한 마음뿐입니다. 피해를 입으신 분들과 그 가족들께 진심으로 사죄의 말씀을 드립니다.

제 아이가 어리석은 선택으로 이런 일을 저지르고, 피해자분들께 고통을 끼쳤다는 사실을 알게 된 이후 제 가슴은 찢어질 듯 아팠습니다. 제 아들도 이번 일을 통해 자신이 저지른 잘못을 뼈저리게 느끼고 깊이 반성하고 있습니다. 엄마로서 더 올바르게 가르치고 보살피지 못한 제 책임도 큽니다. 우리 가족 모두가 이번 일을 통해 깊은 후회와 반성을 하고 있습니다.

제 아들은 평소 잘못을 저지르면 스스로 돌아보고 바로잡으려는 마음이 있는 아이였습니다. 이번 사건도 피해자분들께 어떻게든 보상하고 용서를 구하려고 노력하고 있다는 것을 알고 있습니다. 그러나 이런 노력이 피해자분들께서 입으신 상처를 다 회복시켜 드릴 수 없다는 사실을 잘 알고 있습니다. 엄마로서 저도 피해자분들께 다시 한번 머리 숙여 사과드립니다.

재판장님, 저는 이제 나이도 많고 건강도 좋지 않지만, 부모로서 제 아들이 다시는 이런 잘못을 저지르지 않도록 옆에서 끝까지 지키고 이끌겠습니다. 출소 후에는 피해자분들께 조금이라도 배상할 방법을 찾고, 더는 법을 어기는 일이 없도록 늘 감시하며 책임감을 갖고 살아가도록 돕겠습니다. 우리 가족 모두가 아이를 위해 엄격하게 관리하며, 올바른 삶을 살아갈 수 있도록 최선을 다할 것입니다.

이번 일이 우리 가족 모두에게는 큰 교훈이 되었습니다. 제 아이가 이번 일을 평생의 교훈으로 삼아 다시는 같은 실수를 하지 않도록 간절히 부탁드립니다. 재판장님, 우리 아이가 진심으로 반성하고 새로운 기회를 가질 수 있도록 도와주신다면, 저도 어머니로서 최선을 다해 더 나은 길로 이끌겠습니다.

끝으로, 다시 한번 피해자분들께 죄송하다는 말씀을 드리며, 제 진심을 받아 주시기를 간곡히 부탁드립니다.

감사합니다.

    2025년   월   일

           피고인의 엄마 △△△ 드림

마약류관리법위반죄에 대한 탄원서 예시

• 탄원인 : 피고인의 누나

존경하는 재판장님께,

저는 이번 마약 소지 및 투약 혐의로 재판을 받고 있는 ○○○의 누나입니다. 가족으로서 이런 일을 겪게 되어 너무나도 가슴이 아프고 부끄럽습니다. 또한, 제 동생의 잘못된 행동으로 인해 법 앞에 서게 된 것을 생각할 때마다 마음이 무겁고 참담합니다. 이 글을 통해 피해를 입으신 분들과 사회에 깊이 사죄드리며, 동생이 진정으로 반성하고 새로운 길을 갈 수 있도록 도와주실 것을 간곡히 부탁드립니다.

동생은 이번 사건 이후 자신이 얼마나 큰 잘못을 저질렀는지 깊이 깨닫고 있습니다. 마약이 단순한 개인적인 잘못이 아니라, 자신과 가족, 나아가 사회 전체에 얼마나 큰 해악을 끼치는지 동생은 이번 일을 통해 절실히 깨달았습니다. 동생은 자신의 행동을 크게 뉘우치며, 다시는 같은 잘못을 반복하지 않겠다는 굳은 다짐을 하고 있습니다.

현재 동생은 한국중독연구교육원의 도움을 받아 편지로 재활 상담과 재범 방지 교육을 받고 있습니다. 이 과정을 통해 자신의 행동이 가져온 심각한 결과를 깊이 반성하고 있으며, 재활의 중요성을 몸소 깨닫고 있습니다. 동생은 이 상담과 교육을 통해 과거의 잘못된 습관에서 벗어나고 건강한 삶을 살기 위한 방법을 배우고 있습니다. 이러한 노력을 통해 동생은 조금씩 자신을 바로잡아 가고 있으며, 출소 후에도 이 과정을 이어 나갈 강한 의지를 가지고 있습니다.

이번 사건은 우리 가족 모두에게도 큰 충격이자 교훈이 되었습니다. 저는 누나로서 동생이 다시는 잘못된 길로 가지 않도록 끝까지 곁에서 지지하며, 올바른 길로 이끌기 위해 최선을 다하겠습니다. 가족 모두가 동생이 다시 건강한 삶을 살 수 있도록 지지하고 관리하며, 사회적 책임을 다하도록 돕겠습니다.

재판장님, 동생은 이번 사건을 자신의 삶을 완전히 바꾸는 계기로 삼고 있습니다. 지금은 과거의 모든 잘못을 뒤돌아보며 반성하고, 다시는 같은 실수를 반복하지 않겠다는 강한 의지로 매일을 보내고 있습니다. 또한, 출소 후에는 사회에 조금이라도 기여할 수 있는 사람이 되기 위해 봉사 활동에도 참여하며, 스스로를 단단히 다지겠다고 결심하고 있습니다.

이번 사건이 동생에게는 삶을 변화시킬 마지막 기회가 될 것입니다. 제 동생이 다시 한번 사회의 일원으로 살아갈 기회를 주신다면, 누나로서 곁에서 끝까지 책임지고 지도하며 올바른 삶을 살도록 하겠습니다. 동생의 진심 어린 반성과 변화의 노력을 널리 헤아려 주시기를 간절히 부탁드립니다.

끝으로, 동생의 잘못으로 인해 피해를 입으신 분들과 가족들께 깊은 사죄의 말씀을 드리며, 재판장님의 너그러운 판단을 간곡히 부탁드립니다.

감사합니다.

2025년   월   일

피고인의 누나 △△△ 드림

준강간죄에 대한 탄원서 예시

• 탄원인 : 직장 동료

존경하는 재판장님께,
 안녕하십니까. 저는 이번 사건으로 재판을 받고 있는 피고인 ○○○의 직장 동료인 △△△입니다. 이번 사건으로 피해자분께 큰 상처와 고통을 드린 점에 대해 저 역시 깊이 안타깝게 생각하며, 피해자분께 진심으로 사죄의 말씀을 드리고 싶습니다.

 ○○○와 함께 일하는 동료로서, 저는 그가 이번 사건 이후 얼마나 깊이 반성하고 있는지 가까이에서 지켜보고 있습니다. 그는 자신이 저지른 잘못이 법적·도덕적으로 얼마나 중대한 범죄인지 철저히 깨닫고 있으며, 자신의 행동으로 인해 피해자가 겪었을 고통에 대해 큰 죄책감과 후회를 느끼고 있습니다.

 ○○○는 사건 이후 피해자분께 진심으로 사죄하기 위해 노력하고 있으며, 피해 복구와 고통을 덜어 드릴 수 있는 방안을 찾기 위해 최선을 다하고 있습니다. 그는 자신의 행동을 뼈저리게 반성하며, 다시는 이런 일이 반복되지 않도록 스스로를 변화시키기 위해 적극적으로 노력하고 있습니다. 특히, 성인지 감수성을 높이고 타인의 존엄과 권리를 존중하는 방법을 배우기 위해 교육 프로그램에 참여하고 있는 모습을 보며, 진정성 있는 반성과 변화를 향한 의지를 느낄 수 있었습니다.

 ○○○는 평소 직장에서 성실하고 책임감 있는 동료로 인정받아 왔습니다. 하지만 이번 사건으로 인해 자신이 얼마나 큰 잘못을 저질렀는지 깨닫고, 과거의 자신을 반성하며 철저히 변화하려고 노력하고 있습니다. 그는 이번 일을 자신의 삶을 바꾸는 계기로 삼아, 앞으로는 법과 도덕을 철저히 준수하며 피해자와 같은 고통을 겪는 사람이 없도록 노력할 것이라고 굳게 다짐하고 있습니다.

재판장님, 저는 ○○○가 이번 사건을 통해 자신의 부족함을 깨닫고 깊이 반성하며 새롭게 거듭나려고 하는 모습을 가까이에서 지켜보았습니다. 앞으로 그는 피해자의 고통을 덜어 드리기 위해 할 수 있는 모든 노력을 다하고, 다시는 법과 도덕을 어기는 일이 없도록 성실히 살아갈 것을 믿어 의심치 않습니다.

제 동료 ○○○가 다시 사회의 일원으로서 올바르게 살아갈 수 있는 기회를 주신다면, 그는 이번 사건을 평생 잊지 않고 더 나은 사람이 되기 위해 최선을 다할 것입니다. 그의 진심 어린 반성과 변화의 노력을 헤아려 주시기를 간곡히 부탁드립니다.

끝으로, 피해자분께 깊이 사죄드리며, 이와 같은 일이 다시는 반복되지 않도록 저 또한 옆에서 동료로서 최선을 다해 돕겠습니다.

감사합니다.

2025년 월 일

피고인의 직장 동료 △△△ 드림

폭행죄에 대한 반성문 예시

존경하는 재판장님께.

저는 이번 사건으로 인해 법정에 서게 된 피고인 ○○○입니다. 이번 폭행 사건은 제 충동적이고 미성숙한 행동에서 비롯된 것으로, 피해자께 큰 상처와 두려움을 안겨 드린 점에 대해 깊이 반성하며 사죄드립니다. 또한, 제 잘못된 행동으로 인해 사회적 질서를 어지럽히고 피해자와 그 가족분들께 심리적 고통을 끼친 점에 대해 다시 한번 머리 숙여 사죄의 말씀을 드립니다.

사건 당시 저는 술에 취해 이성을 잃고 충동적으로 행동하며 상황을 잘못 판단하였습니다. 이러한 제 행동이 피해자와 그 가족들에게 큰 상처를 남기고, 사회적으로도 큰 물의를 일으켰음을 지금에서야 깊이 깨닫고 있습니다. 제가 범한 잘못이 단순히 순간의 실수로 끝나는 것이 아니라, 피해자께서는 사건 이후에도 심리적 고통과 불편함을 겪고 계실 것이라는 점을 생각할 때마다 마음이 무겁고 죄책감으로 괴롭습니다.

저는 사건 이후 피해자와의 화해를 위해 최선을 다하고 있으며, 피해자분께 진심으로 사과의 뜻을 전했습니다. 비록 제 진심 어린 사과와 노력으로 모든 고통을 다 회복할 수는 없겠지만, 피해자분께서 겪으신 고통을 조금이라도 덜어 드리고 싶어 끊임없이 노력하고 있습니다. 또한, 사건 이후 저는 저 자신을 돌아보며, 분노 조절과 감정 관리의 중요성을 뼈저리게 느끼고 있습니다.

현재 저는 심리상담을 받으며 감정 조절과 올바른 의사소통 방법을 배우고 있습니다. 이를 통해 스스로를 더 깊이 성찰하고, 앞으로는 어떤 상황에서도 감정을 절제하며 성숙한 행동을 할 수 있도록 노력하고 있습니다. 나아가 지역 사회 봉사 활동에 적극적으로 참여하며, 저로 인해 훼손된 사회적 신뢰를 회복하기 위해 노력하고 있습니다. 이러한 활동은 제 잘못에 대한 속죄의 과정일 뿐만 아니라, 앞으로 더 나은 사람으로 거듭나는 데 필요한 첫걸음이라고 믿고 있습니다.

이번 사건은 저에게 큰 교훈을 주었고, 이를 통해 제 부족함을 깨닫고 깊은 반성의 시간을 가질 수 있었습니다. 재판장님, 제 이 진심 어린 반성과 앞으로 변화하겠다는 다짐을 헤아려 주신다면, 다시는 이러한 잘못을 반복하지 않고 성실히 살아가는 사람이 되겠습니다. 법과 질서를 준수하며 피해자와 사회에 봉사하는 삶을 통해 제 잘못을 바로잡아 나가겠습니다.

재판장님께서 제 진정성 있는 반성을 감안해 주시어, 앞으로 새로운 기회를 주신다면, 저는 이를 평생의 교훈으로 삼아 더 나은 사람이 되기 위해 최선을 다하겠습니다. 끝으로, 피해자분과 그 가족들께 다시 한번 진심으로 사죄드리며, 이와 같은 일이 다시는 발생하지 않도록 평생 반성하며 살아가겠습니다.

감사합니다.

2025년   월   일

피고인 ○○○ 드림

공무집행방해죄에 대한 반성문 예시

존경하는 재판장님께.

저는 이번 공무집행방해 혐의로 구속되어 재판을 받고 있는 피고인 ○○○입니다. 먼저, 제 잘못된 행동으로 인해 공무 수행 중이던 관계자분들께 심적·육체적으로 큰 피해를 드리고, 사회적 신뢰를 훼손시킨 점에 대해 진심으로 사죄드립니다.

저는 당시 순간적인 감정에 휩쓸려 경찰관의 정당한 공무 수행을 방해하는 심각한 잘못을 저질렀습니다. 제가 저지른 행동이 법과 질서를 지키기 위해 최선을 다하시는 공무원들의 노고를 무시한 것이라는 점을 뒤늦게 깨닫고, 깊은 후회와 부끄러움을 느끼고 있습니다. 또한, 제 경솔한 행동이 단순히 개인적인 실수로 끝난 것이 아니라, 공공의 안녕과 질서를 어지럽히는 중대한 범죄임을 깨닫고 있습니다.

현재 저는 구치소에서 제 행동을 깊이 반성하며, 공무집행방해가 얼마나 심각한 범죄인지 되돌아보는 시간을 보내고 있습니다. 구속 생활을 통해 저 자신을 철저히 되돌아보며, 스스로를 반성하고 올바르게 변화하기 위해 노력하고 있습니다. 사건 당시의 제 충동적이고 미성숙한 행동이 불러온 결과들을 뼈저리게 느끼며, 다시는 이런 실수를 반복하지 않겠다고 다짐하고 있습니다.

또한, 저는 현재 교정 프로그램에 성실히 참여하며, 법과 공공질서의 중요성을 배우고 있습니다. 공무원의 역할과 그들이 지켜 내야 할 사회적 책임의 무게를 뒤늦게나마 이해하게 되었고, 제가 저지른 행동이 단순한 개인적 행동의 문제가 아니라 사회적 질서에 대한 위협이었다는 점을 깊이 통감하고 있습니다.

이번 사건은 저에게 있어 가장 큰 교훈이 되었습니다. 앞으로 저는 법을 철저히 준수하며, 감정을 절제하고 타인을 존중하는 성숙한 시민으로 거듭날 것을 다짐합니다. 또한, 제 잘못으로 인해 피해를 입으신 공무원분들께 진심으로 사과드리며, 이 자리를 빌려 다시 한번 깊은 사죄의 말씀을 올립니다.

재판장님, 제 진심 어린 반성과 변화의 의지를 헤아려 주시어, 저에게 다시 한 번 올바르게 살아갈 기회를 주신다면, 절대 같은 실수를 반복하지 않겠다는 것을 약속드립니다. 저는 이번 사건을 평생의 교훈으로 삼아 성실하고 책임 있는 삶을 살아가며, 제 잘못을 갚기 위해 봉사하며 노력할 것을 다짐합니다.

다시 한번, 제 행동으로 인해 피해를 입으신 분들과 사회에 끼친 불편함에 대해 깊이 사과드리며, 제 진정성 있는 반성과 다짐을 받아 주시기를 간절히 부탁드립니다.

감사합니다.

2025년   월   일

피고인 ○○○ 드림

음주운전에 대한 반성문 예시

존경하는 재판장님께.

 저는 이번 음주운전 사건의 피고인 ○○○입니다. 제 경솔하고 무책임한 행동으로 인해 이 자리에 서게 되어 매우 부끄럽고 죄송한 마음을 가지고 있습니다. 음주운전은 결코 정당화될 수 없는 범죄이며, 제 어리석은 행동이 자칫 큰 사고와 피해로 이어질 수 있었음을 뼈저리게 깨닫고 깊이 반성하고 있습니다.

 저는 순간의 잘못된 선택이 얼마나 위험한 결과를 초래할 수 있었는지 사건 이후 더욱 절실히 느끼고 있습니다. 음주 상태에서 운전을 한다는 것은 나 자신뿐만 아니라 타인의 생명과 안전을 위협하는 행위임에도 불구하고, 이를 간과한 제 행동에 대해 스스로 크게 후회하고 있습니다. 제 잘못된 판단으로 인해 피해를 입으신 분들께 진심으로 사과드리며, 저로 인해 불안과 고통을 느끼셨을 모든 분들께 깊이 머리 숙여 용서를 구합니다.

 사건 이후 저는 음주와 관련된 문제의 심각성을 절감하며, 다시는 이와 같은 일이 반복되지 않도록 제 생활 전반을 철저히 반성하고 개선하기 위해 노력하고 있습니다. 현재 저는 음주운전 예방 교육에 성실히 참여하고 있으며, 교육을 통해 술을 절제하는 방법과 음주운전의 심각성을 배우고 있습니다. 또한, 앞으로는 대중교통을 이용하거나 음주 상황에서 절대로 운전대를 잡지 않겠다는 엄격한 원칙을 세웠습니다. 더불어 음주 자체를 줄이기 위해 계획적으로 절제하는 생활을 실천하고 있습니다.

 저는 이번 일을 제 삶의 전환점으로 삼아, 앞으로는 성숙하고 책임감 있는 행동으로 법을 준수하며 살아가겠습니다. 더 이상 저 자신은 물론 타인의 안전을 위협하는 일이 없도록 항상 신중하게 행동할 것을 약속드립니다. 또한, 지역 사회 봉사 활동을 통해 제 잘못을 조금이나마 갚아 나가고, 사회적 책임을 다하는 사람이 되겠습니다.

재판장님께서 제 진심 어린 반성과 변화의 의지를 감안해 주신다면, 저는 이번 사건을 교훈 삼아 절대 같은 실수를 반복하지 않으며, 성실하게 살아가겠습니다. 저에게 다시 올바르게 살아갈 기회를 허락해 주신다면, 저는 이 믿음에 보답할 수 있도록 더욱더 노력하겠습니다.

제 진심과 반성을 헤아려 주시기를 간곡히 부탁드립니다.

2025년   월   일

피고인 ○○○ 드림

도주치사상에 대한 반성문 예시

존경하는 재판장님께.

저는 이번 무면허운전 및 도주치사상으로 구속되어 재판을 받고 있는 피고인 ○○○입니다.

제 어리석고 무책임한 행동으로 인해 피해자와 그 가족분들께 돌이킬 수 없는 큰 상처를 드린 점에 대해 진심으로 사죄드립니다. 또한, 제 잘못으로 인해 사회적 신뢰를 저버리고 공공의 안전을 위협한 점에 대해 깊이 반성하고 있습니다.

당시 저는 운전면허도 없이 차량을 운전하였고, 사고를 낸 뒤 피해자를 구호하지 않고 현장을 떠나는 중대한 잘못을 저질렀습니다. 이러한 행위가 법적·도덕적으로 얼마나 큰 죄인지, 그리고 피해자와 그 가족분들께 얼마나 큰 고통을 안겨드렸는지를 지금에서야 절실히 깨닫고 있습니다.

특히, 사고 이후 구호 조치를 하지 않고 도주한 제 비겁한 행동은 피해자의 생명을 구할 수 있는 중요한 순간을 저버린 행위였으며, 이에 대한 후회와 죄책감으로 매일을 반성 속에서 보내고 있습니다.

현재 저는 구치소에서 매일 제 행동을 되돌아보며 깊이 반성하고 있습니다. 사건 이후 저는 피해자와 그 가족분들께 사죄의 뜻을 전하기 위해 노력하고 있으며, 가능한 모든 방법을 동원해 피해 복구와 보상에 최선을 다하고자 합니다.

비록 제 잘못으로 인해 발생한 상처를 완전히 회복시킬 수 없다는 것을 잘 알고 있지만, 끝까지 책임을 다하며 피해자분들의 고통을 조금이라도 덜어 드릴 방법을 찾기 위해 노력하고 있습니다.

또한, 저는 이 구속 생활을 통해 자유를 잃는 것이 얼마나 큰 고통인지 깨닫고 있으며, 법과 질서를 어기고 타인의 생명과 안전을 위협한 제 행동을 철저히 반성하고 있습니다. 현재 저는 교정 프로그램에 성실히 참여하며 교통법규와 운전윤리에 대해 배우고 있으며, 다시는 이러한 잘못을 반복하지 않겠다고 굳게 다짐하고 있습니다.

이번 사건은 저에게 인생에서 가장 큰 교훈이 되었으며, 이를 통해 앞으로는 법을 철저히 준수하고, 타인의 생명과 안전을 최우선으로 여기는 성숙한 시민으로 거듭나고자 합니다. 재판장님, 제 깊은 반성과 변화의 의지를 헤아려 주신다면, 다시는 같은 잘못을 저지르지 않고 성실하고 책임감 있는 삶을 살아가기 위해 노력할 것입니다. 사회에 봉사할 기회를 주시길 간곡히 부탁드립니다.

다시 한번 피해자와 그 가족분들께 깊이 사죄드리며, 제 진정성 있는 반성과 다짐을 받아 주실 것을 부탁드립니다.

감사합니다.

2025년   월   일

피고인 ○○○ 드림

절도죄에 대한 반성문 예시

 존경하는 재판장님께.

 저는 이번 절도 사건으로 인해 법정에 서게 된 피고인 ○○○입니다. 제 어리석고 부주의한 선택으로 인해 피해자에게 큰 피해를 끼치고, 사회적으로도 물의를 일으킨 점에 대해 깊이 반성하고 있습니다. 저는 제 행동이 법을 어기고 타인의 재산권을 침해한 중대한 범죄임을 뼈저리게 느끼며, 이를 통해 발생한 모든 결과에 대해 깊은 책임감을 느끼고 있습니다.

 당시 저는 순간의 잘못된 판단으로 인해 범죄를 저질렀고, 제 이기적인 행동이 피해자에게 얼마나 큰 고통을 안겨 주었는지 뒤늦게 깨닫게 되었습니다. 사건 이후 저는 피해자께 진심으로 사과드리고, 피해 복구를 위해 최선을 다하고 있습니다. 피해자와의 합의를 위해 가능한 모든 방법을 모색하며, 피해자께서 입으신 피해를 보상하기 위해 노력하고 있습니다. 피해를 보상하는 것이 제 책임임을 인식하고 있으며, 하루라도 빨리 피해자께 용서를 구할 수 있도록 성실히 임하고 있습니다.

 이번 사건은 저에게 큰 교훈을 주었으며, 이 일을 통해 저 자신의 도덕성과 가치관을 되돌아보게 되었습니다. 저는 절도 행위가 사회적으로 어떤 영향을 미치는지, 그리고 피해자와 그 가족들에게 얼마나 큰 상처를 남기는지를 뼈저리게 깨달았습니다. 이를 통해 저는 다시는 같은 잘못을 반복하지 않겠다는 결심을 굳혔으며, 올바른 삶을 살아가기 위해 스스로를 철저히 단련하고 자제력을 기르기 위해 노력하고 있습니다.

 또한, 저는 이번 사건 이후로 규칙적이고 성실한 생활을 통해 바른 행동을 실천하고 있습니다. 현재 지역 사회 봉사 활동에 참여하며, 과거의 잘못을 바로잡고 사회에 기여하기 위한 첫걸음을 내딛고 있습니다. 제 잘못에 대해 반성하고, 피해자와 사회에 신뢰를 회복하기 위해 모든 노력을 다하고 있습니다.

재판장님, 저는 이번 사건을 제 인생에서 다시는 반복하지 않을 교훈으로 삼고, 성실하고 정직한 삶을 살아가고자 합니다. 저에게 다시 사회의 일원으로 바르게 살아갈 수 있는 기회를 주신다면, 제 잘못을 만회하고, 더 이상 법을 어기는 일이 없도록 책임감 있는 삶을 살겠습니다.

앞으로는 제 가족과 주변 사람들에게 부끄럽지 않은 사람이 되도록 노력하겠습니다. 제 진심 어린 반성과 다짐을 받아 주시길 간곡히 부탁드리며, 피해자분께 진심으로 사죄드리는 마음을 계속 실천으로 보여 드리겠습니다.

감사합니다.

2025년　월　일

피고인 ○○○ 드림

사기죄에 대한 반성문 예시

존경하는 재판장님께.

저는 이번 사기죄로 재판을 받고 있는 피고인 ○○○입니다. 우선, 제 잘못된 판단과 행동으로 인해 다수의 피해자들께 큰 피해와 고통을 안겨 드린 점에 대해 깊이 반성하며 머리 숙여 사죄드립니다. 이번 사건은 저의 미성숙하고 이기적인 행동에서 비롯되었으며, 제가 저지른 행위가 법적·도덕적으로 얼마나 중대한 범죄인지를 절실히 깨닫고 있습니다.

저는 순간적인 이익과 욕심에 눈이 멀어 올바른 판단을 하지 못하고 잘못된 선택을 했습니다. 이로 인해 피해자들의 소중한 신뢰와 재산을 침해하였고, 그분들께 씻을 수 없는 상처와 경제적 어려움을 드렸습니다. 사건 이후 저는 제 행위를 깊이 돌아보며, 피해자들에게 진심으로 사과드리고 피해 복구를 위해 가능한 모든 노력을 다하고 있습니다. 현재 저는 피해자들과의 합의를 성사시키기 위해 최선을 다하며, 성실히 임하고 있습니다. 피해자들께 진정성 있는 용서를 구하며, 작은 보상이라도 이루어질 수 있도록 노력하고 있습니다.

이번 사건은 제 인생에 있어 가장 큰 잘못이자, 제 자신을 되돌아보는 계기가 되었습니다. 저는 이 사건을 통해 제 가치관과 행동 방식을 뼈저리게 반성하며, 다시는 같은 잘못을 반복하지 않겠다는 결심을 굳혔습니다. 앞으로는 윤리적 가치를 최우선으로 삼으며, 법과 도덕을 철저히 준수하며 살아갈 것을 다짐합니다.

또한 저는 피해 복구와 더불어, 제가 저지른 잘못을 사회에 조금이나마 갚아 나가기 위해 봉사 활동과 더불어 자제력과 책임감을 기르기 위한 노력도 병행하고 있습니다. 지역 사회에서 제가 할 수 있는 활동을 통해 성실히 기여하며, 과거의 잘못을 바로잡고 더 나은 사람이 되기 위해 꾸준히 노력하고 있습니다.

재판장님. 제 진심 어린 반성과 변화의 의지를 헤아려 주시어, 제가 다시 한번 사회의 일원으로서 올바른 삶을 살아갈 기회를 허락해 주신다면, 앞으로의 삶을 성실과 책임감으로 채워 가겠습니다. 더불어, 이번 사건으로 상처받은 피해자들께 조금이라도 보답할 수 있도록 최선을 다하겠습니다.

다시는 이런 일이 반복되지 않도록 스스로를 철저히 경계하며, 다른 이들에게도 믿음과 신뢰를 줄 수 있는 사람이 되도록 노력하겠습니다. 제 진정성을 받아 주시길 간곡히 부탁드립니다.

감사합니다.

2025년   월   일

피고인 ○○○ 드림

사기방조죄(보이스 피싱 전달책)에 대한 반성문 예시

존경하는 재판장님께.

저는 이번 보이스 피싱 사건에 연루되어 재판을 받고 있는 피고인 ○○○입니다. 먼저, 제 잘못된 행동으로 인해 피해자들께 큰 경제적 피해와 심리적 고통을 안겨 드린 점에 대해 진심으로 사죄드립니다. 제 어리석은 판단으로 인해 사회적으로도 큰 물의를 일으킨 점을 깊이 반성하고 있습니다.

저는 사건 당시 보이스 피싱 조직의 위험성을 충분히 인식하지 못한 채, 순간의 판단으로 범행에 가담하게 되었습니다. 단순히 심부름만 한다는 안일한 생각으로 행동했으나, 그로 인해 피해자들의 소중한 재산과 신뢰를 침해했다는 사실을 이제야 깨달았습니다. 피해자분들께서 겪으셨을 두려움과 고통을 생각할 때마다 깊은 죄책감에 시달리며, 제 행동이 얼마나 무책임하고 중대한 잘못이었는지를 절실히 느끼고 있습니다.

사건 이후 저는 피해자들께 조금이나마 보상과 위로를 드리기 위해 피해 복구에 최선을 다하고 있습니다. 또한, 제 잘못을 되돌아보며 보이스 피싱 범죄의 심각성과 그 사회적 폐해를 철저히 깨닫고 있습니다. 단순히 전달책으로 참여했더라도, 제 행동이 범죄를 방조하고 피해를 확대했다는 점을 깊이 반성하고 있습니다.

현재 저는 편지로 재발 방지를 위해 재범 방지 및 보이스 피싱 예방 상담에 참여하고 있으며, 이러한 교육을 통해 범죄의 심각성을 명확히 인식하게 되었습니다. 더불어, 앞으로는 절대로 순간적인 유혹에 흔들리지 않고, 모든 상황에서 법을 준수하며 올바르게 행동할 것을 굳게 다짐하고 있습니다.

이 사건은 제 인생에서 가장 큰 교훈이 되었습니다. 앞으로는 법과 도덕을 철저히 지키며, 피해자분들께 조금이나마 보상을 드릴 수 있는 방법을 모색하고, 사회에 책임 있는 일원으로 살아가기 위해 노력하겠습니다. 나아가, 저와 같은 잘못을 저지르는 사람이 생기지 않도록 보이스 피싱 범죄의 심각성을 알리고 예방 활동에도 동참할 것을 약속드립니다.

재판장님, 제 진심 어린 반성과 변화의 의지를 헤아려 주시어, 제가 다시는 이러한 잘못을 저지르지 않고 올바르게 살아갈 수 있는 기회를 주신다면, 피해 복구와 사회에 기여하기 위해 모든 노력을 다하겠습니다.

다시 한번 피해자분들께 진심으로 사죄드리며, 제 깊은 반성과 다짐을 받아 주시길 간곡히 부탁드립니다.

감사합니다.

2025년   월   일

피고인 ○○○ 드림

횡령죄에 대한 반성문 예시

존경하는 재판장님께.

저는 이번 횡령 사건으로 인해 법정에 서게 된 피고인 ○○○입니다. 먼저, 제 잘못된 행동으로 인해 회사와 관계자분들께 큰 피해와 실망을 안겨 드린 점에 대해 깊이 반성하며 사죄드립니다. 제가 저지른 행동이 법적·도덕적으로 얼마나 큰 잘못이었는지를 깊이 깨닫고 있습니다.

저는 순간의 유혹과 이기적인 욕심으로 인해 회사의 신뢰를 저버리고, 맡겨진 자산을 부당하게 사용하여 중대한 범죄를 저질렀습니다. 제가 저지른 잘못이 회사에 금전적인 피해뿐만 아니라, 동료들에게도 심리적 고통과 불신을 야기했다는 점을 뼈저리게 느끼고 있습니다. 제 행동은 결코 정당화될 수 없는 범죄임에도 불구하고, 당시의 어리석은 판단으로 인해 이와 같은 잘못을 저질렀습니다.

사건 이후 저는 제 잘못을 되돌아보며 깊은 반성과 후회의 시간을 보내고 있습니다. 회사와 피해자분들께 입힌 손해를 보상하기 위해 가능한 모든 방법을 동원하고 있으며, 피해 복구를 위해 최선을 다하고 있습니다. 비록 제 노력이 모든 피해를 완전히 회복시키지 못할 수 있다는 것을 알고 있지만, 끝까지 책임을 다하고 피해를 줄이기 위해 최선을 다하고 있습니다.

또한, 저는 이번 일을 제 인생의 가장 큰 교훈으로 삼고, 다시는 이와 같은 잘못을 저지르지 않겠다는 결심을 굳혔습니다. 사건 이후 저는 재정 관리와 윤리적 책임에 대해 배우고, 개인적인 욕심을 억제하며 올바르게 살아가기 위해 노력하고 있습니다. 출소하면 재발 방지를 위해 상담과 교육을 받을 예정이며 스스로를 철저히 단속하고 올바른 가치관을 세우는 데 힘쓰고 있습니다.

저는 이번 사건을 통해 신뢰의 중요성과 법을 준수하는 삶의 가치를 절실히 깨달았습니다. 앞으로는 법과 도덕을 철저히 지키며, 다시는 누구에게도 피해를 주는 일이 없도록 성실하고 정직한 삶을 살아가겠습니다. 더불어, 회사와 사회에 제가 끼친 잘못을 조금이나마 보상하기 위해, 사회 봉사 활동에 적극적으로 참여하며 제가 저지른 잘못을 갚아 나가고자 합니다.

재판장님. 제 진심 어린 반성과 변화의 의지를 헤아려 주셔서, 제가 다시는 같은 실수를 반복하지 않고 올바르게 살아갈 기회를 주시길 간절히 부탁드립니다. 저는 이번 사건을 평생 교훈으로 삼아 신뢰받는 사람이 되기 위해 끊임없이 노력하겠습니다.

다시 한번, 제 잘못으로 피해를 입으신 모든 분들께 진심으로 사죄드립니다. 제 진심 어린 반성과 다짐을 받아 주시길 간곡히 부탁드립니다.

감사합니다.

2025년　월　일

피고인 ○○○ 드림

도박장 개설죄에 대한 반성문 예시

존경하는 재판장님께.

저는 현재 구속되어 도박장 개설 혐의로 재판을 받고 있는 피고인 ○○○입니다. 먼저, 제 잘못된 선택과 행동으로 인해 사회에 큰 해악을 끼치고, 도박으로 인해 피해를 입으신 분들께 심려와 고통을 끼친 점에 대해 깊이 반성하며 사죄드립니다. 제 행동이 법과 도덕을 어긴 중대한 범죄임을 구속된 이후 더욱 뼈저리게 깨닫고 있습니다.

저는 당시 순간적인 금전적 욕심과 이기심으로 인해 도박장을 개설하고 이를 운영하면서도, 그로 인해 다른 사람들이 겪게 될 피해와 고통에 대한 생각은 하지 못했습니다. 하지만 구속 상태에서 스스로를 돌아보고 성찰하는 시간을 가지며, 제가 저지른 잘못이 단순히 개인적인 실수가 아닌, 사회적 폐해를 초래한 중대한 범죄임을 깊이 깨달았습니다. 제 행동이 도박의 확산을 조장하고, 많은 사람들과 그 가족들에게 경제적 손실과 심리적 고통을 초래했다는 사실을 알게 되면서, 크나큰 죄책감에 매일을 반성 속에서 보내고 있습니다.

현재 저는 구치소에 수감되어 제 행동을 되돌아보며, 성실히 생활하고 있습니다. 힘든 시간 속에 제가 사회에 얼마나 큰 피해를 끼쳤는지 절실히 느끼고 있습니다. 제 무책임한 선택이 피해자들에게 끼친 상처와 사회적 신뢰를 훼손한 점에 대해 깊이 사죄드리며, 저로 인해 발생한 피해를 조금이라도 회복할 수 있도록 가능한 모든 노력을 다하고자 합니다.

저는 이번 구속 생활을 통해 자유를 잃는 것이 얼마나 큰 고통인지 절실히 깨달았습니다. 그와 동시에, 제가 저지른 잘못으로 이곳에 갇히는 것에 끝나는 것이 아니라, 피해를 입으신 분들과 그 가족들이 감당해야 할 상처와 고통의 무게를 생각하며 깊이 뉘우치고 있습니다. 저에게는 이 시간이 저 자신을 반성하고 변화할 수 있는 중요한 계기가 되고 있으며, 이를 통해 다시는 같은 잘못을 반복하지 않겠다는 다짐을 굳게 하고 있습니다.

저는 이번 사건을 제 인생의 가장 큰 교훈으로 삼아, 앞으로는 법과 도덕을 철저히 준수하며 성실하고 정직하게 살아갈 것을 약속드립니다. 또한, 구속된 이후 제가 저지른 잘못을 조금이나마 보상하고자 구치소 내에서 봉사 활동과 교정 프로그램에 적극적으로 참여하고 있으며, 사회에 기여할 수 있는 방법을 지속적으로 모색하고 있습니다.

재판장님, 제 진심 어린 반성과 변화의 의지를 헤아려 주시어, 제가 다시는 이러한 잘못을 저지르지 않고 올바른 사회 구성원으로 살아갈 수 있는 기회를 주시기를 간곡히 부탁드립니다. 저는 앞으로도 이 반성과 다짐을 평생 가슴에 새기며, 저 자신을 철저히 단련하고 성실히 살아가겠습니다.

다시 한번 제 잘못으로 인해 피해를 입으신 분들과 사회에 심려를 끼친 점에 대해 깊이 사과드리며, 제 반성과 책임을 끝까지 다하겠습니다.

감사합니다.

2025년   월   일

피고인 ○○○ 드림

대부업법 위반죄에 대한 반성문 예시

　존경하는 재판장님께.

　저는 이번 대부업법 위반 혐의로 구속되어 재판을 받고 있는 피고인 ○○○입니다. 먼저, 제 잘못된 행동으로 인해 피해를 입으신 분들과 사회에 큰 심려를 끼친 점에 대해 진심으로 사죄드립니다. 제 행동이 법을 어긴 중대한 범죄였음을 구속된 이후 더욱 뼈저리게 깨닫고 있습니다.

　저는 당시에 법을 무시하고 금전적인 욕심에 눈이 멀어 불법적인 대부업 행위를 하였으며, 피해자들에게 금전적 부담과 정신적 고통을 안겨 드린 점에 대해 깊이 반성하고 있습니다. 제 무지하고 부주의한 판단이 피해자들의 삶에 얼마나 큰 어려움을 초래했는지, 그리고 제 행위가 사회적 신뢰를 얼마나 훼손했는지를 되돌아보며 매일 죄책감 속에 시간을 보내고 있습니다.

　구속된 이후 저는 제 행동을 철저히 반성하며, 법이 존재하는 이유와 그 중요성을 다시 한번 깨닫게 되었습니다. 대부업법이 금융 약자를 보호하고, 불법적인 행위로 인한 피해를 방지하기 위해 존재한다는 사실을 깊이 인식하며, 제가 이를 어기고 피해를 초래한 것에 대해 큰 부끄러움과 책임감을 느끼고 있습니다.

　현재 저는 구치소에서 스스로를 돌아보며 반성하고 성실히 생활하고 있습니다. 특히, 대부업법과 관련된 법률과 윤리에 대해 곰곰이 생각하고 제 잘못된 행동이 법적으로나 도덕적으로 얼마나 큰 잘못이었는지를 철저히 되새기고 있습니다. 또한, 피해 복구를 위해 가능한 모든 노력을 다하고 있으며, 피해자들에게 진심으로 사죄의 마음을 전하기 위해 최선을 다하고 있습니다.

　이 사건은 저에게 있어 가장 큰 교훈이 되었습니다. 저는 이번 일을 계기로 다시는 법을 어기지 않고, 타인에게 피해를 주는 일이 없도록 성실하고 정직하게 살아가겠다는 다짐을 굳게 하고 있습니다. 더불어, 피해자분들께 조금이라도 위로와 보상을 드릴 수 있도록 끝까지 책임을 다할 것을 약속드립니다.

재판장님, 제 진심 어린 반성과 변화의 의지를 헤아려 주시어, 저에게 다시 올바르게 살아갈 수 있는 기회를 주신다면, 피해 복구와 사회에 대한 책임을 다하며 성실한 삶을 살아가겠습니다. 이번 구속 생활을 통해 제 잘못을 돌아보고 진정으로 변화할 수 있는 시간을 가졌으며, 앞으로는 법을 준수하고 사회에 기여하는 삶을 살 것을 맹세합니다.

다시 한번 제 잘못으로 인해 피해를 입으신 분들과 사회에 끼친 피해에 대해 깊이 사과드리며, 제 반성과 다짐을 받아 주실 것을 간곡히 부탁드립니다.

감사합니다.

2025년   월   일

피고인 ○○○ 드림

마약류관리법위반(소지 및 사용)죄에 대한 반성문 예시

존경하는 재판장님께.

저는 마약 소지 및 사용 혐의로 재판을 받고 있는 피고인 ○○○입니다. 우선 제 잘못된 행동으로 인해 이 자리에 서게 된 점에 대해 깊은 후회와 부끄러움을 느끼고 있으며, 이로 인해 실망하셨을 가족과 주변 분들께도 사죄의 말씀을 전합니다. 이번 사건을 계기로 저는 제 행동이 얼마나 큰 잘못이었는지, 그리고 그로 인해 사회와 저 자신에게 얼마나 심각한 해악을 끼쳤는지 뼈저리게 깨닫게 되었습니다.

마약은 단순히 개인적인 문제가 아니라, 사회 전체에 해악을 끼치는 중대한 범죄임을 저는 잘 알고 있습니다. 하지만 당시 저는 순간적인 유혹에 이끌려 잘못된 선택을 했고, 제 삶과 가족에게 커다란 상처를 남기는 결과를 초래했습니다. 제가 저지른 행위가 법적, 도덕적으로 얼마나 큰 잘못인지 이제야 분명히 인식하고 있습니다. 사건 이후 저는 모든 마약 관련 물질과 단절했으며, 전문적인 치료와 재활을 위해 심리상담 및 중독 치료 프로그램에 적극적으로 참여하고 있습니다.

또한 가족의 도움과 지지를 받으며 새로운 삶을 시작하려 노력하고 있습니다. 부모님과 형제들은 제 잘못을 꾸짖는 동시에, 다시는 같은 길을 걷지 않도록 저를 격려하며 지지해 주고 있습니다. 저는 이 사건을 계기로 과거의 잘못된 습관과 선택에서 벗어나기 위해 제 삶을 근본적으로 바꾸기로 결심했습니다. 현재는 건강을 회복하기 위해 규칙적인 생활을 유지하며, 매일 다짐의 마음가짐으로 미래를 계획하고 있습니다.

저는 다시는 마약에 손을 대지 않겠다는 다짐을 굳게 하고 있으며, 건강하고 올바른 삶을 살겠다는 의지를 가지고 있습니다. 이를 위해 저는 중독 치료와 더불어

봉사 활동에 참여하며, 제 잘못을 사회적으로 갚아 나가려 하고 있습니다. 제 반성과 변화의 노력이 진정성을 가지고 있다는 점을 재판장님께서 고려해 주신다면, 저에게 다시 사회의 일원으로서 바르게 살아갈 수 있는 기회를 주시기를 간절히 바랍니다.

주어진 기회가 저에게 있어 큰 전환점이 될 수 있도록, 앞으로의 삶에서 모든 잘못을 바로잡고 올바르게 살아가며 사회에 기여하는 사람이 되겠습니다. 제 진심 어린 반성과 변화의 의지를 널리 헤아려 주시길 부탁드립니다.

감사합니다.

2025년 월 일

피고인 ○○○ 드림

강제추행죄에 대한 반성문 예시

존경하는 재판장님께.

저는 이번 강제추행 사건으로 재판을 받고 있는 피고인 ○○○입니다. 제 잘못된 행동으로 인해 피해자께 심각한 상처와 불편함을 드린 점에 대해 깊이 반성하고 사죄드립니다. 제 행동이 법적·도덕적으로 얼마나 큰 잘못인지를 뼈저리게 깨닫고 있으며, 피해자와 그 가족들께 머리 숙여 용서를 구합니다.

저는 순간의 잘못된 판단과 경솔한 행동으로 인해 피해자에게 크나큰 정신적 고통과 불쾌함을 드렸습니다. 제 행동이 타인의 신체적·정신적 권리를 침해한 중대한 범죄라는 사실을 깨닫고, 이로 인해 피해자가 느꼈을 두려움과 불편함을 생각할 때마다 깊은 죄책감에 시달리고 있습니다. 사건 이후 저는 제 행동을 돌아보며 스스로를 뉘우치고, 앞으로 다시는 이런 잘못을 저지르지 않겠다는 굳은 다짐을 하고 있습니다.

현재 저는 제 잘못을 바로잡기 위해 심리상담과 교육 프로그램에 적극적으로 참여하고 있습니다. 특히 성인지 감수성 교육과 관련 강의를 수강하며, 타인의 신체적·정신적 권리를 존중하는 방법과 제 행동이 초래한 결과에 대해 깊이 이해하고 있습니다. 이러한 교육을 통해 저는 제 행동의 심각성과 그것이 피해자와 사회에 끼친 해악을 더 명확히 인식하게 되었고, 진심으로 반성하고 있습니다.

또한, 피해자께 드린 상처를 조금이라도 회복하기 위해 피해자와의 합의를 위해 노력하고 있습니다. 비록 합의 여부와 관계없이 제 잘못이 용서받기 어렵다는 것을 잘 알고 있지만, 피해자의 고통을 덜어 드릴 수 있는 방법을 찾아 최선을 다하고 있습니다.

이 사건을 계기로 저는 스스로의 잘못된 태도와 행동 방식을 바로잡아야 한다는 것을 절실히 깨달았습니다. 앞으로는 법과 도덕을 철저히 준수하며, 상대방의 권리를 존중하고 배려하는 사람이 되도록 모든 노력을 다하겠습니다. 또한, 봉사 활동 등을 통해 제가 저지른 잘못을 사회적으로 갚아 나가며, 더 이상 실망을 드리지 않는 사람이 되겠습니다.

재판장님, 저는 이번 사건을 제 인생에서 다시는 반복되지 않을 교훈으로 삼고 있습니다. 제 진심 어린 반성과 변화의 노력을 헤아려 주시어, 제가 다시 올바르게 살아갈 수 있는 기회를 주신다면, 피해 복구와 성실한 삶을 통해 그 기회를 갚아 나가겠습니다.

다시는 이러한 일이 발생하지 않도록 제 자신을 철저히 단련하며, 사회와 가족에게 부끄럽지 않은 사람이 되겠습니다. 제 반성과 다짐을 받아 주시길 간곡히 부탁드립니다.

감사합니다.

2025년   월   일

피고인 ○○○ 드림

준강간죄에 대한 반성문 예시

존경하는 재판장님께.

저는 이번 준강간 사건으로 재판을 받고 있는 피고인 ○○○입니다. 먼저, 제 잘못된 행동으로 인해 피해자께 심각한 고통과 상처를 드린 점에 대해 진심으로 사죄드립니다. 제 행동이 법적·도덕적으로 얼마나 큰 잘못이며, 타인의 신체와 존엄을 침해하는 심각한 범죄인지를 깊이 깨닫고 있습니다.

저는 사건 당시 경솔하고 무책임한 판단으로 인해 피해자에게 잊을 수 없는 상처를 남겼습니다. 피해자가 겪었을 두려움과 고통을 생각할 때마다 가슴 깊이 죄책감을 느끼고 있으며, 피해자와 그 가족분들께도 깊이 머리 숙여 사죄드립니다. 저는 제 행동이 사회적, 법적으로 용납될 수 없는 중대한 범죄라는 사실을 철저히 인식하고, 이 사건을 제 인생의 가장 큰 교훈으로 삼아 스스로를 반성하고 있습니다.

사건 이후 저는 피해자께 진심으로 용서를 구하기 위해 노력하고 있으며, 피해 복구를 위해 최선을 다하고 있습니다. 비록 제 행동이 피해자께 남긴 상처를 완전히 회복할 수 없다는 것을 잘 알고 있지만, 피해자와의 합의 및 지원을 통해 조금이라도 피해자의 고통을 덜어 드릴 수 있도록 모든 노력을 다하고 있습니다.

또한, 저는 제 행동을 뼈저리게 반성하며, 재발 방지를 위해 스스로를 변화시키기 위해 노력하고 있습니다. 현재 저는 편지로 진행되는 성인지 감수성 교육 프로그램에 참여하며, 타인의 존엄과 권리를 존중하는 방법을 배우고 있습니다. 이러한 과정을 통해 제가 저지른 행위가 얼마나 중대한 잘못이었는지 더 깊이 깨닫고 있으며, 다시는 같은 실수를 반복하지 않겠다는 다짐을 하고 있습니다.

재판장님, 저는 이번 사건을 통해 제가 가진 부족한 인식과 태도를 되돌아보는 계기로 삼고 있습니다. 앞으로는 법과 도덕을 철저히 준수하며, 피해자와 같은 고통을 겪는 사람이 다시는 없도록 최선을 다하겠습니다. 또한, 피해자의 고통을 덜어 드릴 수 있는 방법을 찾는 데 제 모든 노력을 다할 것이며, 사회에 책임감 있는 일원으로 거듭날 수 있도록 제 삶을 철저히 변화시키겠습니다.

재판장님께서 제 진심 어린 반성과 변화의 노력을 헤아려 주신다면, 다시는 이러한 일이 반복되지 않도록 철저히 자신을 단련하며, 성실히 살아가겠습니다. 저는 이번 사건을 평생 잊지 않으며, 다시는 법과 도덕을 어기지 않는 사람이 되겠다고 굳게 약속드립니다.

제 반성과 다짐을 받아 주시길 간곡히 부탁드리며, 피해자께 다시 한번 깊이 사죄드립니다.

감사합니다.

2025년   월   일

피고인 ○○○ 드림

카메라등이용촬영죄에 대한 반성문 예시

존경하는 재판장님께.

저는 이번 불법 촬영 사건으로 재판을 받고 있는 피고인 ○○○입니다. 먼저, 제 잘못된 행동으로 인해 피해자께 심각한 고통과 불쾌감을 드린 점에 대해 진심으로 사죄드립니다. 제 행동이 피해자의 인권과 사생활을 침해한 중대한 범죄였음을 깊이 깨닫고 있습니다.

저는 순간의 잘못된 판단으로 인해 피해자에게 잊을 수 없는 상처를 남겼으며, 그로 인해 피해자가 겪었을 심리적 충격과 불안감을 생각할 때마다 가슴 깊이 후회와 죄책감을 느끼고 있습니다. 나아가, 이러한 범죄가 사회적으로 얼마나 큰 해악을 끼치는지 뼈저리게 깨달았으며, 제 이기적인 행동이 얼마나 잘못된 것인지 통감하고 있습니다.

사건 이후 저는 제 잘못된 행동을 철저히 반성하며, 피해 복구를 위해 가능한 모든 노력을 다하고 있습니다. 피해자와의 합의를 이루기 위해 진심으로 사과드리며 성실히 임하고 있으며, 저로 인해 피해를 입으신 분께 조금이라도 위로가 될 수 있는 방법을 모색하고 있습니다. 비록 제 노력이 피해자의 고통을 모두 덜어 드릴 수 없다는 것을 알고 있지만, 책임을 다하기 위해 끝까지 최선을 다하겠습니다.

또한, 저는 제 행동을 되돌아보고 다시는 같은 잘못을 반복하지 않기 위해 편지로 진행되는 교육과 상담 프로그램에 참여하고 있습니다. 현재 저는 성인지 감수성 교육과 관련된 상담과 교육에 참석하며, 타인의 권리와 사생활을 침해하지 않는 올바른 가치관을 배우고 있습니다. 이러한 과정을 통해 제 잘못을 더 깊이 깨달으며, 앞으로는 사회의 일원으로서 법과 윤리를 철저히 준수하며 살아갈 것을 굳게 다짐하고 있습니다.

이번 사건은 저에게 있어 인생에서 가장 큰 교훈이 되었으며, 이를 계기로 제 인식과 행동 방식을 철저히 변화시키고 있습니다. 앞으로 저는 타인의 권리를 존중하고, 다시는 법과 도덕을 어기는 일이 없도록 스스로를 엄격히 단속하며 살아가겠습니다. 더불어, 사회에 책임감 있는 일원으로 거듭나기 위해 봉사 활동을 통해 잘못을 갚아 나가며, 진심으로 피해 복구와 재발 방지를 위한 노력을 지속하겠습니다.

재판장님, 제 진심 어린 반성과 변화의 노력을 헤아려 주신다면, 다시는 이러한 잘못을 저지르지 않겠다는 다짐과 함께 올바르게 살아갈 수 있는 기회를 주시길 간절히 부탁드립니다. 저는 이번 사건을 통해 배운 교훈을 평생 마음에 새기며, 더 이상 실망을 드리지 않는 사람이 되겠습니다.

다시 한번 피해자께 진심으로 사죄드리며, 제 다짐과 반성을 받아 주시기를 간곡히 부탁드립니다.

감사합니다.

2025년   월   일

피고인 ○○○ 드림

제12장
부록

이 부록에서는 재판과 양형과 관련된 법률 용어 해설, 주요 양형 기준표, 자주 묻는 질문과 답변, 참고 문헌 및 관련 자료를 제공합니다. 독자들이 법적 개념을 이해하고 재판에 대비할 수 있도록 도움을 주고자 합니다.

형사 절차 용어 해설

【수사 및 고소 단계】
- **고소** : 범죄의 피해자나 그 법정대리인이 수사기관에 범죄 사실을 신고하고 처벌을 요구하는 절차.
- **고발** : 고소권자가 아닌 제3자가 수사기관에 범죄 사실을 신고하고 처벌을 요구하는 절차.
- **피의자** : 범죄의 혐의가 있어 수사기관의 수사를 받고 있는 사람.
- **공소(기소)** : 검사가 수사 결과를 바탕으로 피의자를 법원에 정식으로 재판에 회부하는 절차.
- **기소유예** : 범죄 혐의는 인정되지만 여러 사정을 고려해 검사가 피의자를 기소하지 않는 처분.
- **영장실질심사** : 수사기관이 피의자에 대한 구속영장을 청구하면, 법원이 구속의 필요성을 심사하는 절차.

- **구속적부심사** : 이미 구속된 피의자나 피고인이 구속이 부당하다고 주장할 경우 법원이 구속의 정당성을 다시 심사하는 절차.
- **임시조치** : 가정폭력, 스토킹 등 사건에서 피해자 보호를 위해 법원이 가해자에게 접근금지, 퇴거 등 임시적 처분을 명하는 제도.

【기소 및 재판 준비 단계】
- **피고인** : 공소(기소)가 제기되어 법원에서 재판을 받고 있는 사람.
- **판결 전 조사** : 법원이 판결 전에 피고인의 환경, 성격, 범행 동기 등을 조사하는 절차로, 양형 결정에 중요한 역할을 함.
- **공범** : 하나의 범죄를 여러 명이 공동으로 계획하고 실행한 경우.
- **종범** : 범죄를 주도한 주범을 도와 범행을 완성하게 한 사람. 종범은 주범보다 가벼운 형이 선고됨.
- **병합** : 법원이 동일한 피고인 또는 관련 있는 여러 사건을 하나로 묶어 심리 및 재판하는 절차.

【재판 절차 및 간이 절차】
- **형사단독** : 비교적 가벼운 사건(벌금형, 법정형이 단기 1년 미만의 징역 또는 금고에 해당하는 사건)을 단독 판사가 심리하고 판결하는 절차.
- **형사합의부** : 중대 범죄(법정형이 단기 1년 이상의 징역 또는 금고에 해당하는 사건)에 대해 3명의 판사가 합의하여 심리하고 판결하는 절차.
- **간이공판절차** : 피고인이 공소사실을 모두 인정할 경우, 증거조사 절차를 간소화하여 신속하게 심리하는 절차.
- **약식재판** : 검사가 피고인의 범죄가 비교적 가볍다고 판단할 경우, 정식 재판을 거치지 않고 서면 심리를 통해 벌금형 등을 청구하는 간이 재판 절차.
- **즉결심판** : 경미한 범죄(30만 원 이하의 벌금, 구류, 과료)에 대해 경찰서장이 신청하고 법원이 신속하게 진행하는 재판 절차.

【재판 및 판결 단계】
- **양형(量刑)** : 법원이 형사사건에서 피고인에게 내리는 형벌의 종류와 정도를 결정하는 과정.
- **가중 요소** : 피고인의 형량을 높이는 요소로, 범행의 계획성, 잔혹성, 피해자에 대한 피해 규모 등이 포함됨.
- **감경 요소** : 피고인의 형량을 줄이는 요소로, 초범, 피해자와의 합의, 자수, 반성 등이 해당됨.
- **심신미약(心身微弱)** : 피고인이 범죄 당시 정신적·심리적으로 불안정한 상태로, 자기 통제 능력이 제한된 상태.
- **심신상실(心身喪失)** : 범죄 당시 자기 행동을 전혀 통제할 수 없는 상태. 법적으로는 형사 책임이 면제될 수 있음.
- **선고유예** : 피고인에게 유죄를 선고하지만, 일정 기간 동안 형의 선고를 미루는 제도.
- **집행유예(執行猶豫)** : 법원이 피고인에게 형을 선고하면서 일정 기간 동안 형의 집행을 유예하는 제도.

【판결 및 후속 절차】
- **종국판결** : 재판 절차를 종결짓는 최종적인 판결로, 무죄·유죄·공소기각·각하 등이 포함됨.
- **배상명령** : 형사재판에서 피해자의 피해를 신속하게 회복하기 위해 법원이 형사절차 중 피고인에게 피해 배상을 명령하는 제도.
- **노역** : 벌금형을 선고받은 피고인이 벌금을 납부하지 못할 경우, 일정 기간 동안 강제 노동으로 대신하게 하는 제도.
- **부가 처분** : 주형 이외에 법원이 추가적으로 명령하는 처분으로 재산 몰수 추징, 사회봉사 명령, 수강명령 등이 포함됨.

【형사절차 내의 공탁】
- **공탁** : 피고인이 피해자에게 손해를 배상할 의사를 표시하고 금전이나 물건을 법원에 맡겨 배상 책임을 이행하는 절차. 형사재판에서 공탁은 감경 요소로 작용할 수 있음.
- **변제공탁** : 채무자인 피고인이 변제하려 했으나 피해자가 수령을 거부하거나 불가능한 경우 법원에 공탁하여 변제의 법적 효과를 유지하는 제도.

【불복 및 항고 단계】
- **항소** : 1심 판결에 불복하여 상급법원에 다시 심판을 요청하는 절차.
- **상고** : 항소심(2심) 판결에 불복하여 대법원에 다시 심판을 요청하는 절차.
- **항고** : 법원의 결정이나 명령에 불복해 상급법원에 다시 심사를 청구하는 절차.

【부가적 요소】
- **속행** : 재판이 한 차례 진행된 후 다음 기일에 계속해서 심리를 이어 나가는 절차.
- **미필적 고의** : 범죄의 결과를 명확히 의도하지는 않았지만, 발생 가능성을 인식하면서도 이를 용인하는 심리 상태.
- **검찰사건번호** : 검찰청에 송치되어 수사 중인 사건에 부여된 고유 번호.
- **법원사건번호** : 법원에 접수(기소)된 사건에 대하여 부여된 고유 번호.

사건번호(형사사건)

기소 전 검찰단계	2025형제12345
1심 재판	2025고단1234(형사단독), 고합(합의부), 고약(약식명령)
항소심 재판	2025노1234
상고심 재판	2025도1234
기타	조(즉결심판), 초보(보석사건), 초기(배상명령 등 기타 신청 사건)

알면 유용한 인터넷 정보

• 형사사법포털 https://kics.go.kr

법무부에서 운영하는 온라인 서비스로, 형사사건의 진행 상황 조회, 온라인 민원 처리, 벌과금 납부 조회 등 다양한 형사사법 정보를 제공합니다.

• 대법원 나의 사건검색 https://www.scourt.go.kr/portal/information/events/search/search.jsp

대법원에서 제공하는 서비스로, 개인이 관련된 사건의 진행 상황과 판결 정보를 조회할 수 있습니다.

• 양형위원회 https://sc.scourt.go.kr

법원 내 독립된 기구로, 형사사건에 대한 양형 기준을 설정하고 관련 정보를 제공합니다.

• 국가법령정보센터 https://law.go.kr

법제처에서 운영하는 사이트로, 대한민국의 모든 법령 정보를 제공하며, 최신 법령, 연혁, 판례 등을 열람할 수 있습니다.

• 대한법률구조공단 법률서식 관련 자료실 https://klac.or.kr/pil/klac-format

대한법률구조공단에서 제공하는 법률 서식 모음으로, 다양한 법률 문서의 서식을 내려받아 활용할 수 있습니다.

• 오크나무 네이버 카페 https://cafe.naver.com/oaktree2

회원 수 약 4만 명이 모인 수용자와 수용자 가족들이 참여하는 온라인 커뮤니티로, 수용 생활에 대한 올바른 정보 제공과 상담을 통해 가족들에게 지지와 격려를 주고받는 자조 모임입니다.

• **한국중독연구교육원** https://jhaa.co.kr

중독 문제에 대한 연구와 교육을 수행하는 기관으로, 재범 방지 교육, 심리상담, 수용자 편지 심리상담, 심리평가 등을 제공하며, 이를 통해 양형 자료에 도움을 주고 있습니다.

• **법무법인 청** https://lawfirmchung.com

형사사건을 전문으로 다루는 로펌으로, 다양한 형사사건에 대한 법률 상담과 소송 대리를 수행하며, 전문적인 법률 서비스를 제공합니다.

법무법인 청
양형지원센터 소개

"양형자료는 알아서 준비해 오세요."라고 말하지 않습니다.
우리는 재판에 필요한 모든 것을 의뢰인과 함께 준비합니다.

탄원서, 반성문, 호소문, 사죄문, 최후진술문, 소감문, 독후감, 재범방지 서약 및 실천계획, 호소문, 사실 확인서, 감사일지, 단주일지, 수용생활 일지, 출소 후 생활계획, 심리상담 계획서 및 소견서 등

법무법인 청의 양형지원센터는 단순히 법률적 조언을 제공하는 것을 넘어, 수용자와 그 가족들이 직면한 현실에 실질적인 도움을 드리고자 노력합니다. 우리는 양형이라는 중요한 관문을 철저히 분석하고, 법원이 고려하는 모든 요소를 세심하게 검토해 최선의 결과를 이끌어 내는 데 집중합니다.

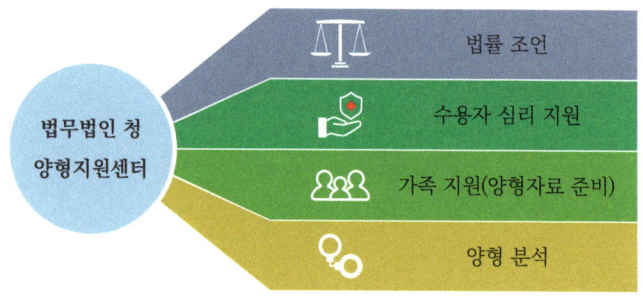

1. 철저한 분석과 전략적 조언

법무법인 청의 변호사들은 법률적 분석에 그치지 않고, 사건의 모든 양형 요소를 꼼꼼히 파악하여 재판에서 가장 유리한 전략을 제시합니다. 단순한 법률 상담

을 넘어, 사건의 맥락과 법원의 판단 기준을 정확히 이해하고, 이를 바탕으로 맞춤형 법률 전략을 수립합니다. 이러한 접근은 고객이 처한 상황을 면밀히 분석하고, 실질적인 변화를 만들어 내는 데 초점을 맞춥니다.

2. 반성문, 탄원서 등 실질적 도움 제공

양형 과정에서 반성문과 탄원서는 매우 중요한 역할을 합니다. 하지만 무엇을, 어떻게 표현해야 할지 막막한 경우가 많습니다. 법무법인 청은 이런 고민을 덜어드리기 위해 수용자와 가족들이 작성하는 모든 자료를 체계적으로 돕습니다. 진심을 담으면서도 법원이 주목할 수 있는 포인트를 중심으로, 효과적으로 작성할 수 있도록 지원합니다.

- 진정성이 담긴 반성문 작성법 지도
- 탄원서 작성 시 주의해야 할 점과 효과적인 구성
- 법률 근거에 의한 자료 준비 조언

이 모든 과정을 고객의 입장에서 함께 고민하며 최상의 결과를 목표로 합니다.

제출 문서 작성 지원

3. 전문가의 심리 분석과 양형조사

법무법인 청 양형지원센터는 단순히 법률적인 지원을 넘어, 전문가의 심리 분석과 양형조사 전문가를 통해 맞춤형 법률 서비스를 제공합니다.

- **심리 전문가와의 협업** : 사건의 배경과 개인의 심리 상태를 심층적으로 분석하여 법원에서 중요한 감경 요소로 활용할 수 있는 자료를 준비합니다.

- **양형조사 전문팀 운영** : 법원에서 요청하는 양형자료를 체계적으로 준비하며, 의뢰인의 상황을 가장 유리고 적절하게 설명할 수 있도록 돕습니다.

- **개인 맞춤형 전략** : 단순히 일반적인 법률 지원이 아닌, 고객 개개인의 상황에 맞는 세밀한 접근으로 실질적인 변화를 만들어 냅니다.

맞춤형 법률 서비스

심리 전문가 협력
전문 양형조사팀
개인 맞춤형 전략
→ 최선의 결과

법무법인 청은 단순한 법률 서비스 제공자에 그치지 않습니다. 우리는 의뢰인의 삶에 긍정적인 변화를 가져오는 동반자로서, 새로운 시작을 향한 힘이 되고자 합니다. 저희 양형지원센터와 함께라면 혼자가 아닌 함께 걸어가는 든든함을 느낄 수 있을 것입니다.

"당신과 가족의 더 나은 내일, 법무법인 청이 함께합니다."

법무법인 청 대표변호사 곽 준 호

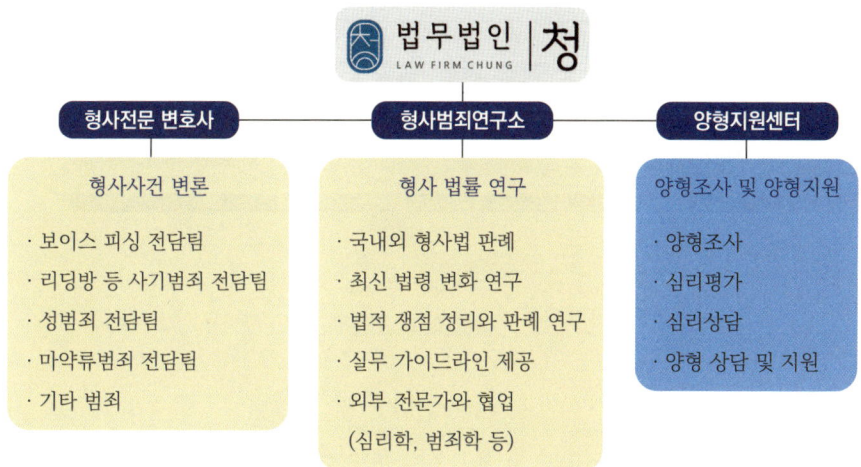

　법무법인 청은 형사범죄 분야에 특화된 전문 로펌으로, 형사사건 유형별 전문 변호사들이 협력하여 최상의 법률 서비스를 제공합니다. 또한 '형사범죄연구소'와 '양형지원센터'를 운영하며, 심층적이고 체계적인 법률 지원을 통해 차별화된 전문성을 자랑합니다.

　'형사범죄연구소'는 학계 및 심리·범죄학 전문가들과의 공동 연구를 통해 실제 사건에 즉시 활용 가능한 실무 지침을 개발하고, 이를 사건 해결 과정에 적용하여 실질적 효과를 극대화합니다.

　특히, '양형지원센터'는 심리전문가와 정신건강전문가가 팀장으로 참여하여, 심리평가, 상담, 양형조사 등 체계적인 심리 지원 서비스를 제공합니다. 재판 과정에서 피고인과 피해자의 심리적·정서적 상태를 종합적으로 분석하고, 객관적인 평가와 전략적인 양형 방안을 제시함으로써 공정하고 설득력 있는 재판 결과를 도출하는 데 기여하고 있습니다. 이러한 다각적인 협력 시스템은 법률적 전문성과 효율성을 더욱 높이며, 고객이 신뢰할 수 있는 법률 서비스를 제공합니다.

　법무법인 청과 함께라면 형사사건의 복잡한 과정을 체계적이고 전문적으로 해결하실 수 있습니다.

한국중독연구교육원
Korea Addiction Research & Education Institute

경기도 평택시 평남로 1046-1, 법률타워 5층

031-8054-8641

한국중독연구교육원 이재호 원장
- 중독심리 전문가 (한국심리학회)
- 한국마약퇴치운동본부 재활분야 전문강사
- 미국 약물학회 회원 / 약물상담전문가
- NLP 심리상담전문가 / 라이프 코칭
- 한국중독심리학회 이사
- 前 법무부 양형조사관 / 심리분석관
- 前 유엔 아시아 범죄예방연구소 연구원

1. 심리상담
2. 양형조사
3. 가족상담
4. 재범방지 및 범죄예방교육

안녕하세요, 곽준호 변호사입니다.

저희 사무실을 찾아 주시는 분들은 대부분 본인 또는 가족이 형사재판을 받고 계실 것입니다. 형사재판을 받는 것은 본인의 인생에서 가장 힘든 순간이라는 사실을 잘 알고 있습니다. 이렇게 인생에서 가장 힘들고 어려운 순간에 저를 찾아 주신 점 깊이 감사드립니다.

저 역시 찾아 주시는 분들 한 분 한 분 모두를 소중하게 생각하며, 여러분의 편에 서서 제가 가진 능력과 노하우를 총동원하여 최선을 다하겠습니다.

저는 변호사라는 직업을 참 좋아하고, 의뢰인을 위해 법정에서 열정을 다한 변론을 할 때 살아 있음을 느낍니다. 저로 하여금 제 평생의 직업인 변호사로서 일할 수 있도록 하는 것은 바로 저를 믿고 인생을 맡겨 주시는 의뢰인 분들이라고 생각합니다. 그러므로 어떤 사건에서든 한 치의 소홀함이 있을 수 없습니다. 형사 재판이라는 인생을 건 승부에 서신 의뢰인들과 함께 저 역시 인생을 걸고 최선을 다하겠습니다.

"형사사건에서 변호사의 역할이란 단지 한 사람의 죄를 변호하는 것이 아니라, 그 사람이 살아온 인생을 변호하는 것이라 생각합니다. 그러기 위해서 법무법인 청 변호사들은 의뢰인 한 분 한 분이 살아온 인생의 고뇌와 눈물을 들여다보기 위해 노력하고 있습니다. 의뢰인의 소망을 담아 진실하게 변호하겠습니다."

법무법인 청 / 형사범죄연구소 대표변호사 곽준호

 법무법인 청 / 서울사무소
주소 (06644) 서울특별시 서초구 서초중앙로 125, 로이어즈타워 1006호
전화 02-3487-6415 / 010-5234-6415

 법무법인 청 / 평택사무소
주소 (17848) 경기도 평택시 평남로 1046-1, 법률타워 502
전화 010-5234-6415